Renate Maria Zerbe

Jesus – ein wunderbarer Mensch

Wundererzählungen im Religionsunterricht der 3. und 4. Klasse

Mit Kopiervorlagen und Schülerlexikon

AV Auer Verlag GmbH

Gedruckt auf umweltbewusst gefertigtem, chlorfrei gebleichtem
und alterungsbeständigem Papier.

2. Auflage 2010
Nach den seit 2006 amtlich gültigen Regelungen der Rechtschreibung

Illustrationen: Marion El-Khalafawi, Horneburg
Satz: Fotosatz H. Buck, Kumhausen
Druck und Bindung: Franz X. Stückle Druck und Verlag, Ettenheim
ISBN 978-3-403-**06214**-1

www.auer-verlag.de

Inhaltsverzeichnis

Vorwort

„Es gibt kein Wunder für den, der sich nicht wundern kann."

(Marie Freifrau von Ebner-Eschenbach)

Das große Thema „Wunder" gehört mit zu den schwierigsten Themen des Religionsunterrichts. Die Wundergeschichten Jesu sind literarisch, theologisch und anthropologisch anspruchsvolle Texte, die einen wichtigen Beitrag zum Aufbau eines Gottesbildes leisten, welches sowohl die Transzendenz als auch die Nähe Gottes beinhaltet. Die Geschichten zeigen uns Jesus als die personifizierte Menschenfreundlichkeit Gottes. Die Kinder werden angeregt, über Jesus und seine faszinierende Wirkung auf die Menschen nachzudenken, und zugleich sensibilisiert, in ihrem eigenen Leben Parallelen zu finden. Man holt die Kinder gleichsam aus ihrem Alltag ab, um eine Brücke zu den einzelnen Wundergeschichten zu bauen.
Besonders im Grundschulalter sind Kinder für die Erfahrung des Wundersamen aufgeschlossen. Und so sollte auch ihr Blick geöffnet werden für die kleinen Wunder des Lebens. Wie sagte Martin Luther einmal: „Die Welt ist voll alltäglicher Wunder."

Neben einem allgemeinen Teil, der sich mit dem Begriff „Wunder" beschäftigt, werden im zweiten Teil verschiedene Wunder Jesu angesprochen, die jeweils eine Lehrerinformation bzw. Schülerarbeitsblätter zur Vertiefung enthalten. Außerdem gibt es zu jedem Wunder eine kindgerechte Erzählfassung.
Die Wunder sind so ausgewählt, dass die unterschiedlichen Bereiche Krankenheilungen, Epiphaniewunder und Totenerweckungen behandelt werden können.

Abschließend gibt es eine Zusammenfassung, in der die Kinder ihr bis dahin erworbenes Wissen zum Komplex „Wunder" einbringen können. Außerdem beinhaltet das Buch ein Wörterbuch für Schüler*, dass diverse Örtlichkeiten und Begriffe anspricht, die in den Wundererzählungen vorkommen und von Bedeutung sind.

Dieses Buch will dazu beitragen, nicht nur sehr bekannte Wunder (Bartimäus) im Unterricht anzusprechen, sondern auch die weniger bekannten Geschichten den Schülern nahezubringen.
Gleichwohl ist darauf zu achten, Wundergeschichten nur in geringer Zahl darzubieten und auf dramatische Effekte wie zu viel „Veranschaulichung" zu verzichten. Es sollte bei der Behandlung von Wundergeschichten ebenfalls bedacht werden, dass sie der Intention nach als Glaubensgeschichten zu sehen sind, d. h. not- und leidgeprüfte Jesusgläubige erzählen von heilsamen Erfahrungen mit Jesus.

Das Buch gibt Anregungen, Wunder auf kreative Weise zu vertiefen und vielleicht zu der Erkenntnis zu gelangen:

„Wunder stehen nicht im Gegensatz zur Natur,
sondern nur im Gegensatz zu dem, was wir über die Natur wissen."

(Hlg. Augustinus)

* Anmerkung: Zur besseren Lesbarkeit wurde bei Personenbezeichnungen, die sowohl männliche als auch weibliche Personen benennen, die männliche Form verwendet.

Allgemeiner Teil „Wunder“

Jesu Wundertätigkeit gehört zu denjenigen Phänomenen im Neuen Testament (NT), die gerade auch Kinder am meisten faszinieren. Im NT gibt es insgesamt 48 Wundertexte, die in Sammelberichten und Einzelerzählungen überliefert sind. Die Einzelerzählungen kann man untergliedern in Exorzismen, Krankenheilungen, Epiphaniewunder (Naturwunder), Totenerweckungen und Begleitwunder. Die Wunder Jesu (griech. Terata) werden auch als „Machttaten“ und „Zeichen“ bezeichnet. Vom Aufbau her liegt im Allgemeinen folgende Struktur vor: Exposition (Beschreibung einer Mangelsituation/Bitte um Hilfe), Aktion (Handlung Jesu) sowie Akklamation (Staunen, Beifall der Menschen).
Jesus ist der Sohn Gottes und zeigt durch seine Wundertaten seine Liebe zu den Menschen, wobei auch der Glaube der Menschen eine zentrale Rolle spielt. Ihr fester Glaube an ihn wird gleichsam mit einer Tat belohnt.
Doch nicht nur in der Bibel begegnet uns der Wunderbegriff. Viele bezeichnen Ereignisse, die etwas Außergewöhnliches sind, als Wunder. Das muss aber nicht so sein. Schon Kleinigkeiten können für uns ein Wunder sein. So hat jedes Wunder eine objektive und eine subjektive Dimension. Im allgemeinen Teil „Wunder“ geht es darum, sich alle möglichen Facetten des Wunderbegriffs zu erarbeiten. Es geht nicht nur um übernatürliche, physikalisch nicht erklärbare Phänomene, sondern vor allem um die Sensibilisierung für die alltäglichen Wunder: das Wunder der Geburt eines Kindes, das Wunder einer blühenden Sommerwiese, das Wunder einer tiefen Freundschaft usw. Kinder können so für die Feinheiten in der Welt aufgeschlossen werden.
In diesem Rahmen sollte den Schülern Gelegenheit gegeben werden, etwas über ihre persönlichen „wunderbaren“ Ereignisse zu erzählen oder aufzuschreiben. Sie können eine Collage aus Zeitungsausschnitten anfertigen, in denen über etwas Wundersames bzw. Wunderschönes berichtet wird, damit deutlich wird, dass es auch heute noch Wunder gibt. Sie schlagen nach, was ein Lexikon dazu sagt, oder sammeln Zitate zum Thema „Wunder“ und fertigen daraus einen kleinen Jahreskalender an (Zitate, Wunder als Suchbegriff in die Suchmaschine Google eingeben). – Hier eine kleine Auswahl an Zitaten:

„Ein Wunder ist leichter zu wiederholen, als zu erklären.“ (Hebbel)
„Wunder stehen nicht im Gegensatz zur Natur, sondern nur im Gegensatz zu dem, was wir über die Natur wissen.“ (heiliger Augustinus)
„Es gibt kein Wunder für den, der sich nicht wundern kann.“
(Marie Freifrau v. Ebner-Eschenbach)
„Das Wunderbarste an den Wundern ist, dass sie manchmal wirklich geschehen.“
(G. K. Chesterton)
„Wer nicht an Wunder glaubt, ist im Grunde kein Realist.“ (Werner Hansch)
„Gott kann gewöhnliche Ereignisse so zusammenfügen, dass sie zum Wunder werden.“
(Paul Müller)

Außerdem kann ein Fragebogen entwickelt werden, mit dem die Schüler Menschen aus ihrer Umgebung zum Thema „Wunder“ befragen. (Was verstehen Sie unter dem Begriff „Wunder“? Ist Ihnen schon etwas Wunderbares widerfahren? Gibt es auch heute Wunder?)
Interessant wäre sicherlich auch das Untersuchen von Liedtexten, in denen der Wunderbegriff eine zentrale Rolle spielt, z. B. Katja Ebsteins Lied „Wunder gibt es immer wieder“, „Wunder geschehn“ (Nena), „Deine Welt ist voller Wunder“ (Rolf Krenzer in „Das große Liederbuch“), „Ich weiß, es wird einmal ein Wunder geschehen“ (Zarah Leander).
Um den Kindern die Tiefenaussage mancher Wundererzählungen aufzuschließen, sollte man sich auch verstärkt mit bildhafter Sprache beschäftigen (z. B. fächerübergreifend in Deutsch). Geeignet für die Behandlung sind Redensarten und bildhafte Vergleiche. Die Schüler können auch ein Bild mit dem Titel „Wunder“ gestalten.

Wunder in der alltäglichen Sprache

sein blaues Wunder erleben

Er glaubt, Wunder was getan zu haben.

Wunderland

wundervoll

wunderbar

Wunderlampe

Wunderkind

Wunderblume

Wunder

Wunderdoktor

wunderhübsch

Wunderglaube

bewundern

Wunderkerze

Wunderheilmittel

bewundernswert

Wunderheiler

wunderschön

wunderlich

a) Suche dir 5 Wörter aus und bilde Sätze, in denen sie vorkommen.

b) Geht die Begriffe durch und diskutiert in der Klasse, in welchem Zusammenhang ihr sie benutzen würdet oder schon einmal benutzt habt.

Was man Wunder nennt

Aus Zeitungen:

Insassen wie durch ein Wunder unverletzt
Am Freitag ereignete sich gegen 9.00 Uhr zwischen O. und R. ein schwerer Autounfall. In einer Linkskurve verlor der Fahrer die Gewalt über seinen Wagen und stürzte eine Böschung hinunter, wobei sich der Wagen mehrfach überschlug. Das Auto hatte einen Totalschaden. Wie durch ein Wunder blieben alle Insassen unverletzt.

Kleines Mädchen gerettet
Ein krebskrankes Mädchen, das die Ärzte schon aufgegeben hatten, ist im französischen Wallfahrtsort Lourdes geheilt worden. Es ist nun wieder völlig gesund. Dreimal hatte es in der Quelle von Lourdes gebadet. Täglich hatten die Ärzte mit ihrem Tod gerechnet … Ein Arzt bestätigte, dass nach dem heutigen Stand der Wissenschaft die Heilung nicht erklärt werden kann. Die Heilung ist als Wunder zu bezeichnen.

Acht Tage vermisst
Acht Tage nach dem großen Seebeben in Südostasien wurde eine Frau auf einer Palme lebend gefunden. Tagelang hatte sie sich nur von Kokosnüssen ernährt. Nach menschlichem Ermessen hätte die Frau längst verdursten müssen.

Weitere Aussagen:

Sonne, Mond und Sterne gehen ihren Lauf. Das ganze Weltall gehorcht wunderbaren Gesetzen.

Es ist einzigartig, wie das menschliche Gehirn arbeitet.

Der Vater einer Familie sucht schon lange nach Arbeit. Plötzlich bekommt er eine Stelle angeboten.

Ein weiterer wunderbarer Fall:

Peter ist nach einer schweren und aussichtslosen Krankheit wieder gesund geworden.
Sein Vater meint: „Er hat eben einen sehr guten Arzt gehabt."
Die Mutter sagt: „Gott hat ihm auf wunderbare Weise geholfen."
Ein Nachbar sagt: „Er hat einfach nur Glück gehabt."

a) Lies dir die unterschiedlichen Artikel durch.

b) Überlege, was du Wunder nennst.

c) Was sagst du zu Peter, der wieder gesund geworden ist? Welche der Aussagen dazu ist richtig? Wer hat recht, der Vater, die Mutter oder der Nachbar?

d) Besprecht eure Meinungen in der Klasse.

Wunder

Was mir sofort dazu einfällt:

Was im Lexikon steht:

Was in der Bibel steht:

Einem Menschen erklärt, der dieses Wort noch nie gehört hat:

a) Überlege bei den ersten beiden Fragen allein und notiere, was dir dazu einfällt und was du herausgefunden hast. Die dritte und vierte Frage bearbeite in einer 3er-Gruppe.

b) Stellt eure Ergebnisse später der Klasse vor.

Redensarten

Wunder der Technik	Wunder der Liebe
die sieben Weltwunder	Naturwunder
Fußballwunder	medizinisches Wunder
Wunderkind	Wunder der Geburt

a) Suche zusammen mit einer 3er-Gruppe Beispiele für die oberen Begriffe. Tipp: Forsche auch im Internet nach. Vielleicht helfen dir die Abbildungen auf dieser Seite.

b) Besprecht danach in der Klasse, ob ihr all diese Dinge Wunder nennt.

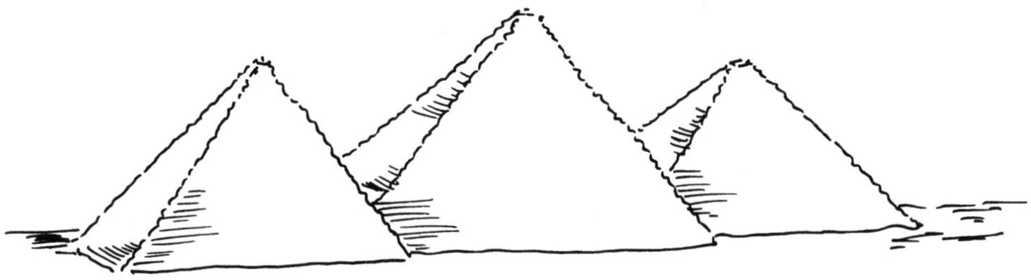

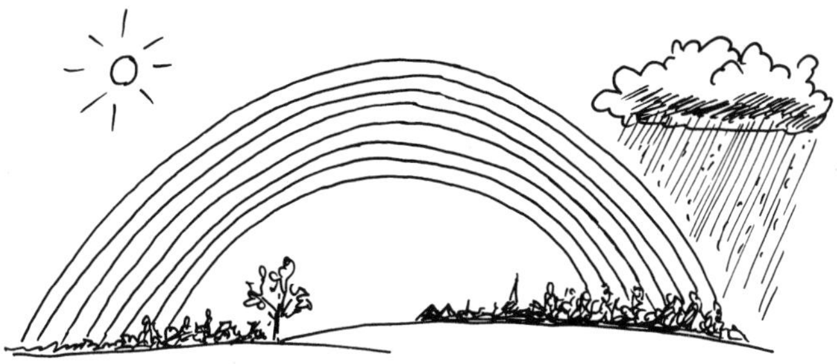

Viele Wundertäter zur Zeit Jesu

Jesus war nicht der einzige Wundertäter, aber ein einzigartiger seiner Zeit. Mit seinen wunderbaren Begegnungen wollte er nicht seine Macht zeigen. Er wollte sich ganz den hilfsbedürftigen Menschen seiner Zeit widmen.

In Griechenland – in Epidauros – wurde der Heilgott Asklepios verehrt. Viele Menschen zogen an diesen heiligen Ort und suchten Hilfe in ihrer Not: Sie kamen mit Augenleiden, Lähmungen, Gehör- und Sprachstörungen, Verletzungen durch Waffen und Tiere sowie mit der Bitte, Verlorenes wiederzufinden.

Die Kranken mussten für eine Nacht im Heiligtum schlafen und wurden im Traum geheilt. Zum Dank berichteten die Geheilten auf steinernen Tafeln von ihrer Krankheit und ihrer Heilung.

Ein jüdischer Rabbi namens Chanina heilte zwei Stumme, indem er um Erbarmen flehte.

Von einem griechischen Wundertäter namens Pythagoras wird Folgendes erzählt: Er konnte Erdbeben voraussagen, Seuchen vertreiben und Sturm und Hagelschlag beenden.

Die Wundererzählungen Jesu fordern jeden Christen zu Verantwortung auf, d. h. genau hinzusehen und zu handeln, wo er Angst, Armut, Krankheit, Not, Hunger, Schuld und Unglauben antrifft.

a) Kennst du auch wunderbare Menschen, die im Sinne Jesu lebten oder leben? Erzähle.

b) Tipp: Denke an die vielen Heiligen.

Gibt es heute noch Wunder?

Um diese Frage zu beantworten, solltet ihr in Partnerarbeit eine kleine zweigeteilte Collage gestalten.

Seht dazu die Tageszeitung durch und schneidet Artikel aus, in denen etwas Wunderbares passiert ist. Klebt oder schreibt die Artikel auf die linke Seite.

Denkt auch an euren Alltag und was ihr täglich erlebt und seht. Was ist daran wundervoll? Schreibt es auf die rechte Seite.

Stellt eure Ergebnisse in der Klasse vor.

Wunderbares aus der Zeitung	**Wunderbares in meinem Alltag**

Meist werden heute für wunderbare Ereignisse das Glück, der Zufall oder das Schicksal verantwortlich gemacht.

Wallfahrtsorte und Wunder

Kevelaer, Trier, Fatima, Rom und Altötting haben eines gemeinsam. Sie sind Wallfahrtsorte. Wallfahrtsorte sind religiös bedeutsame Orte, zu denen bis heute viele Menschen reisen – zu Fuß, mit dem Auto oder mit dem Flugzeug.

Einer dieser Orte ist Lourdes, eine kleine Stadt am Fuße der Pyrenäen in Frankreich. Besonders Kranke kommen hierher, um im Gebet Kraft zu schöpfen, damit sie ihre Krankheit besser ertragen. Tatsache ist aber auch, dass 4000 Heilungen von Ärztekommissionen festgehalten wurden, die medizinisch nicht erklärbar sind. Es sind Dinge passiert, die vom Verstand nicht zu begreifen sind.

Hier ein Beispiel: Marie Bailly war todkrank im Endstadium ihrer Krankheit, dies bestätigte auch der Arzt Alexis Carrel. So wurde sie auf ihren Wunsch in Lourdes zur Grotte gebracht und dort mit dem heiligen Wasser gewaschen. Als sie aus der Grotte zurückkam, verlor sie das Bewusstsein. Wieder wurde sie in die Grotte gebracht, diesmal in Begleitung des Arztes. Gerade als der dort anwesende Priester ein Gebet zur Gottesmutter sprach, schlug Marie die Augen auf. Noch an demselben Tag wurde sie untersucht und für geheilt erklärt.
Für den Arzt war das unerklärlich.

Doch wie wurde aus Lourdes überhaupt ein Wallfahrtsort?

Im Frühjahr 1858 wurde Bernadette Soubirous zum Holzsammeln geschickt. Während sie sammelte, sah sie plötzlich in einer Grotte eine wunderschöne Frau stehen, welche mit einem weißen Gewand bekleidet war. Sie trug an den Füßen gelbe Rosen und in den Händen hielt sie einen Rosenkranz – es war die Gottesmutter Maria. Sie erschien Bernadette noch 17-mal. Einmal wollte sie, dass Bernadette aus einem Brunnen trinken sollte, der gar nicht da war, doch das Mädchen grub und auf einmal sprudelte eine Quelle hervor, aus der bis heute pro Tag mehrere Hunderttausend Liter Heilwasser fließen. Außerdem verlangte die Gottesmutter, dass man ihr eine Kapelle bauen sollte.

In der Grotte, in der Bernadette zum ersten Mal Maria gesehen hatte, steht heute eine Statue, welche nach Bernadettes Beschreibung gefertigt wurde. Vor ihr beten ständig Gläubige und zünden Kerzen an.

Bernadette selbst ging ins Kloster und starb 1879. 1933 wurde sie heiliggesprochen.

a) Lies den Text.

b) Was hat der Wallfahrtsort Lourdes mit dem Thema „Wunder" zu tun?

c) Sucht euch einen Wallfahrtsort aus (4er-Gruppe) und bereitet eine kurze Präsentation von zehn Minuten vor.

Tipp: Unter www.wikipedia.de findet ihr Wallfahrtsorte aus der ganzen Welt.

Der blinde Bartimäus *(nach Mk 10,46–52)*

Dies ist die Geschichte von einem Menschen, der schon lange keinen Sinn und keine Freude in seinem Leben verspürte.

Bartimäus, so heißt er, sitzt wie jeden Tag vor dem Stadttor in Jericho. Jericho ist eine alte Stadt und wurde schon damals die Palmenstadt genannt, da dort viel Obst wie Datteln, Orangen, Granatäpfel und Zitronen wachsen konnten. Am Rande dieser Stadt sitzt Bartimäus in Staub und Dreck, mit beschmutzten und zerrissenen Kleidern bettelnd am Straßenrand. Er sieht ganz traurig, ja, richtig elend und einsam aus.
„Bitte, gebt einem armen Mann doch etwas Geld, damit ich wenigstens etwas essen kann. Helft mir doch!“, ruft er. Arbeit kann er nicht finden, denn keiner will ihn einstellen: Er ist nämlich blind. So verbringt er viele Stunden auf der Straße und bekommt trotz seiner Blindheit einiges mit, was um ihn herum passiert.

Wie macht er das wohl?

Händler mit ihren Waren, Hirten, Bauern und Soldaten gehen vorbei. Manche machen schwere Schritte, andere poltern mit ihren Schuhen. Einige verspotten ihn auch und zeigen mit dem Finger auf ihn, was er zwar nicht sieht, aber trotzdem irgendwie spüren kann. Dann ist er sehr traurig und zieht sich mit seinen Gedanken zurück. Warum kann er nicht wie die anderen sein? Dann hätte er Arbeit, wäre fröhlich und könnte sehen, was um ihn herum passiert.

Habt ihr schon einmal einen Blinden gesehen und beobachtet, wie er sich verhält?

Einmal, er sitzt wie jeden Tag vor dem Stadttor, hört er eine Menschenmenge näher kommen. Ihre Stimmen sind zahlreich und klingen anders als die, die er immer hört.
Er bekommt mit, wie einer den Namen Jesus nennt. Jesus, der schon viele Menschen geheilt hat, ist nach Jericho gekommen, denn er muss hier durch, wenn er nach Jerusalem will.
„Jesus ist in der Stadt“, denkt er. „Dieser tolle Mann hat ja schon viele Leute heilen können. Vielleicht kann er auch mir helfen. Er darf nicht einfach weitergehen, ohne dass er mich gesehen hat.“ Bartimäus wartet und wartet, denn allein kann er nicht einfach losgehen und Jesus suchen, das wäre viel zu schwierig. Da endlich hört er viele aufgeregte Stimmen, sie werden lauter und lauter. Immer mehr Menschen laufen jetzt zusammen, sie rennen, trampeln, stampfen und hüpfen. Alle drängeln und schubsen sich gegenseitig, um Jesus wenigstens einmal zu Gesicht zu bekommen.
In dem Augenblick springt Bartimäus, so schnell er kann, vom Straßenrand auf, winkt mit den Armen und brüllt: „Jesus, Jesus, erbarme dich meiner und hilf mir!“
Einige sagen: „Pst, bist du wohl ruhig! Du störst doch nur. Außerdem, dich will sowieso keiner sehen, auch nicht Jesus, also sei still.“ Doch Bartimäus lässt sich nicht ablenken und ruft jetzt noch lauter: „Jesus, erbarme dich und hilf mir!“
Die Menschen werden jetzt richtig böse und beschimpfen ihn. Aber da berührt ihn jemand an der Schulter und sagt: „Komm, du hast richtig Glück. Jesus will dich sehen, Bartimäus. Du sollst zu ihm kommen.“ Jesus hat nämlich das laute Rufen des Bartimäus gehört.
Schnell springt der Blinde auf, wirft seinen dreckigen und zerlumpten Mantel ab und geht auf Jesus zu. Weil er nichts sehen kann, tastet er sich langsam vorwärts, dabei helfen ihm die herumstehenden Menschen, die ihn von Hand zu Hand reichen. Jesus fragt ihn: „Was kann ich für dich tun? Was möchtest du von mir?“ Bartimäus ist gerührt und froh zugleich. Schon so lange hat er darauf gehofft, dass ihm jemand zuhört und mit ihm spricht. Voller Vertrauen spricht er: „Jesus, ich möchte wieder sehen und mein Augenlicht wiederbekommen.“ Und Jesus sagt zu ihm: „Du vertraust mir und deshalb soll dir geholfen werden. Du sollst befreit werden aus der Dunkelheit und wieder sehen können. Mach die Augen auf!“

Bartimäus öffnet aufgeregt und sehr gespannt seine Augen und sofort ist er von strahlendem Licht umgeben. Zuerst ist er so geblendet, dass es fast schon wehtut und er nichts erkennen kann.

Aber dann kann er sein Glück kaum fassen und sieht die vielen Menschen, die ihn anstarren, die Sonne am Himmel, die staubige Straße, seine alten und abgewetzten Kleider und Jesus, seinen Retter. Der Mann aus Nazareth, der auf dem Weg nach Jerusalem ist.

Was meint ihr, wie fühlt sich Bartimäus und was hat er nun vor?

Jesus hat Licht und Freude in sein Leben gebracht, es fängt ganz neu an. Voller Begeisterung und Freude hüpft Bartimäus von einem Bein auf das andere und ruft: „Ich kann endlich wieder sehen. Danke, Jesus, ich komme mit dir überall hin. Danke!" Bartimäus versteht nämlich, dass dieser Mann von Gott kommt, und das ist noch viel wichtiger für ihn.

Auch die anderen Menschen sehen Jesus nun mit den Augen des Herzens. Sie spüren: Gott will, dass alle Menschen glücklich sind. Sie freuen sich mit Bartimäus und wünschen ihm auf seinem weiteren Weg zusammen mit Jesus alles Gute.
Jesus hat auch einmal von sich selbst als Licht gesprochen: „Ich bin das Licht der Welt."

Lehrerinformation

Diese Erzählung wird von allen drei Synoptikern (Mk/Mt/Lk) überliefert. Jesus ist auf dem Weg nach Jerusalem und passiert die uralte Stadt Jericho, in der sich die damalige Winterresidenz der Herodeskönige befand. Die Stadt ist für Jesus und seine Jünger sowie die Pilger die letzte Station auf dem Weg nach Jerusalem zum Paschafest. Bartimäus, der blind ist, bittet Jesus lautstark um Hilfe. Zur Zeit Jesu gehörte Bartimäus zu den Randexistenzen in der Gesellschaft und auch religiös verachtete man diese Menschen und grenzte sie aus. Nur durch Betteln kann Bartimäus seinen Lebensunterhalt bestreiten. Und nun kommt Jesus und beschäftigt sich mit so einem Außenseiter der Gesellschaft, mit einem, den die Leute links liegen lassen. Er wendet sich ihm zu und macht seine Welt wieder farbiger und lebendiger. Jesus holt ihn praktisch aus seiner Isolation.
Die kindgerechte Erzählfassung wird am besten, wie bei allen anderen Wundern, im Kreis erzählt. Wenn die Schüler die Erzählung ebenfalls ausgehändigt bekommen, könnten die kursiv gedruckten Hinweise evtl. wegfallen.

Weitere Ideen:

- Bilder von Blinden als Einstieg wählen oder Utensilien in die Kreismitte legen, die heute ein Blinder benötigt, und darüber sprechen
- den Prozess des Wieder-sehen-Könnens sichtbar machen: Mit wasserfesten Jackson- oder Wachsmalkreiden malen die Kinder einen schönen strahlenden Frühlings- oder Sommertag. Danach wird das Bild komplett mit dunkler Plakatfarbe bedeckt. Nun sollen die Schüler Formen oder Gegenstände herauskratzen, die Bartimäus nach seiner Heilung sehen kann.

Nicht sehen können

Um das Phänomen des Sehens bzw. Nicht-Sehens zu veranschaulichen, bieten sich verschiedene Möglichkeiten an:

- Blindenspiele (einem Kind werden die Augen verbunden und nur auf Zurufen seines Partners versucht es, den Weg zu finden)
- sich mit einem Blindenstock vorwärtsbewegen
- Wie ist das, 24 Stunden blind zu sein? Welche Schwierigkeiten ergeben sich im Laufe des Tages? Einen fiktiven Tag durchgehen und mögliche Probleme aufzeigen.
- Stationen aufbauen wie z. B. etwas malen, ohne zu gucken; Buchstaben bzw. Gegenstände ertasten
- Blindenschrift kennenlernen bzw. selbst anfertigen mithilfe einer Nadel
- Gespräch, wie sich die Schüler bei den Blindenaufgaben gefühlt haben
- Werden eher die anderen Sinne (Hören, Riechen, Tasten) eingesetzt?
- einen Blinden einladen und darüber sprechen
- Infomaterial des Deutschen Blinden- und Sehbehindertenverbandes anfordern (www.dbsv.org); die Adressen sind nach Bundesländern geordnet
- Aufgaben eines Blindenhundes besprechen und sich darüber informieren

Redensarten zum Thema „Sehen“

Man kann einige der Redensarten vorstellen und versuchen, zunächst in Kleingruppen die Bedeutung zu finden und danach Situationen zu überlegen, in denen man diese verwenden könnte.
Somit erfahren die Kinder, dass mit Sehen nicht nur das physische Sehen gemeint sein kann.

- mit eigenen Augen sehen
- alles doppelt sehen → Schwindel spüren
- jemanden oder etwas noch vor sich sehen → in der Erinnerung deutlich wahrnehmen
- sich an jemandem oder etwas sattsehen → jemanden gern und häufig betrachten
- jemanden sehend machen → die Wahrheit erkennen lassen
- jemandem ins Herz sehen → Pläne, Denken, Fühlen eines Menschen zu erforschen versuchen
- jemandem nicht in die Augen sehen können → ein schlechtes Gewissen haben
- jemanden sehen, wie er ist → sein Innerstes, den Charakter wahrnehmen

Weitere Möglichkeiten:

- Klecksbilder
- Kipp-/Täuschungsbilder
- Bilder von Escher (Verbindung mit dem Kunstunterricht)

Lieder:

In „111 Kinderlieder zur Bibel“ (hrsg. v. Gerd Watkinson, Verlag Ernst Kaufmann, Lahr 1969):

Jesus öffnet die Augen
Der blinde Bartimäus

In „Das große Liederbuch“ (Rolf Krenzer, Lahn-Verlag, Limburg 1993):

Du gabst mir Augen
Als Jesus kam nach Jericho

In „Schwerter Liederbuch: Singt dem Herrn“ (Verlag BDKJ, Paderborn 1990):

Blinde bleiben blind
Eines Tages kam einer

(Anmerkung: Die erwähnten Liederbücher wiederholen sich bei den nachfolgenden Wundern.)

Die Heilung des Bartimäus

Bartimäus kann wieder sehen. Die umstehenden Leute haben es mitbekommen.

a) Schreibe in die Denkblasen, was die Menschen darüber denken.
Welche Meinungen haben sie dazu?

b) Stellt euch vor, diese Menschen würden ihre Meinungen austauschen.
Wie würde ihr Gespräch verlaufen?
Entwickelt in 3er- oder 4er-Gruppen ein mögliches Streitgespräch.

Vor und nach der Heilung

a) Schreibe und/oder zeichne, welche Gedanken, Gefühle oder Pläne Bartimäus vor und nach der Heilung durch den Kopf gehen.

Ein Brief

a) Einige Wochen später schreibt Bartimäus einen Brief an seinen Freund Benjamin, in dem er berichtet, was er erlebt hat bzw. wie sich sein Leben verändert hat. Hilf ihm dabei.

Lieber Benjamin,

____

____

____

____

____

____

____

____

____

Comic: Bartimäus' Leben

Wie wäre wohl Bartimäus' Leben verlaufen, wenn Jesus ihm nicht begegnet wäre?

a) Zeichne einen kleinen Comic dazu.
Du kannst stattdessen auch ein Leporello anfertigen.

Auch sehende Menschen sind manchmal „blind“

Peter und Max sitzen im Bus. Eine ältere Frau steigt ein und schaut sich um, ob sie noch einen Platz findet. Aber leider ist alles besetzt. Sie sieht Peter und Max an, aber die gucken in eine andere Richtung.

Madlen ist neu in der Klasse. In der Pause möchte sie keiner mitspielen lassen. Auch Anna, die vor einem Jahr neu in die Klasse gekommen ist und das Gefühl des Fremdseins kennen müsste, kümmert sich nicht um sie.

a) Lies dir die kurzen Geschichten durch. Spiele eine der Geschichten mit zwei oder drei Mitschülern nach. Überlegt zusammen, warum hier jemand blind ist.

b) Wann bist du manchmal blind? Wovor verschließt du deine Augen?

c) Schneide das Auge an der gestrichelten Linie entlang aus und klebe es auf ein weiteres DIN-A4-Blatt, sodass man das Auge aufklappen kann.

d) Nun kannst du unter das aufgeklappte Auge zeichnen oder schreiben, in welchen Situationen du blind bist.

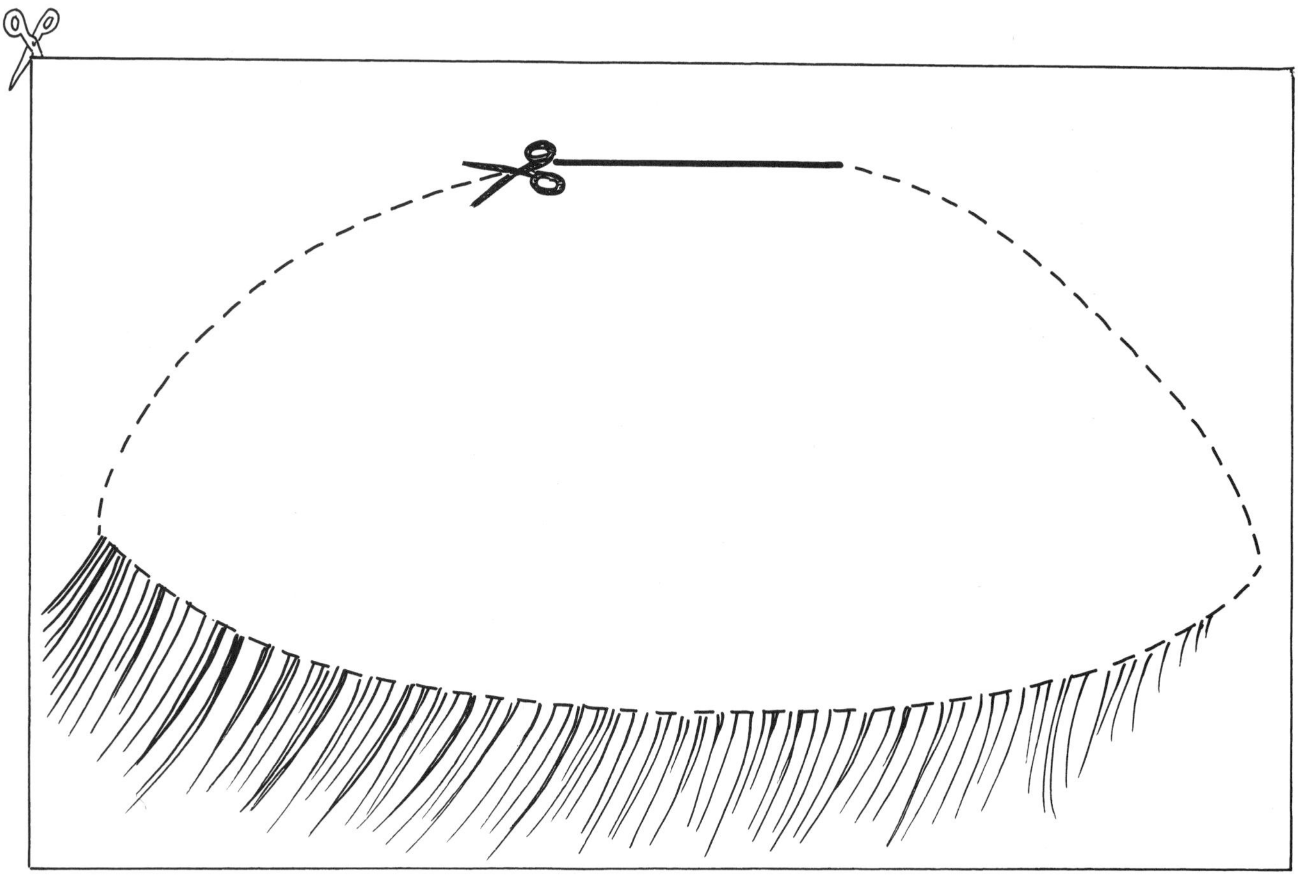

Mit dem Herzen sehen

Obwohl Blinde nicht sehen können, sehen sie mehr als alle anderen, weil sie sich mit ihren anderen Sinnen ganz auf ihre Mitmenschen einstellen können.

So spüren sie, wenn es jemandem schlecht geht.
Sie merken, dass sich bestimmte Menschen gern haben.
Sie hören, in welchem Ton Menschen miteinander umgehen.
Sie sehen mit ihrem Herzen, wem sie vertrauen können, wer ihnen zuhört.
Sie fühlen, wann jemand vor Glück strahlt.

Antoine de Saint-Exupéry, ein französischer Schriftsteller, schrieb einmal:

> *„Man sieht nur mit dem Herzen gut, das Wesentliche ist für die Augen unsichtbar."*

(Antoine de Saint-Exupéry: Der kleine Prinz. Karl Rauch Verlag, Düsseldorf 2000, S. 74)

a) Überlegt zuerst in einer 3er-Gruppe, was dieser Satz aussagen will.
Besprecht eure Ideen anschließend gemeinsam in der Klasse.

b) Sammelt weitere Beispiele dazu, was man nur mit dem Herzen sieht.
Denkt daran, was „sehen" auch bedeuten kann.

c) Schreibt oder malt eure Ideen in das Herz hinein.

Die Heilung des Gelähmten *(nach Mk 2,1–12)*

Jesus kommt mit seinen Jüngern wieder nach Kafarnaum, einer kleinen lebendigen Stadt am See Genezareth. Immer, wenn er dort ist, ist er im Hause des Petrus zu Gast. So auch dieses Mal. Jesus möchte sich ein bisschen von seinen Reisen und Predigten ausruhen und geht durch die engen Gassen vom Hafen zum Petrushaus. Als die Leute ihn sehen, lassen viele ihre Arbeit stehen und laufen hinter Jesus her. Manche rennen fröhlich aus den Häusern, andere verlassen ihre Boote und strömen schnell zum Haus des Petrus. Es werden sogar Kranke gebracht. So füllt sich das Haus immer mehr, bis überhaupt kein Platz mehr zu finden ist. Ihr müsst nämlich wissen, dass die Häuser zur Zeit Jesu recht klein waren und nur einen Raum besaßen. Es herrscht also ein Gedränge und Geschiebe bis auf die Straße vor dem Haus, so voll ist es. Keiner kann mehr durch oder sich umdrehen.
Jesus begrüßt die Familie des Petrus und erzählt dann von Gott, während die Leute mit Interesse zuhören. Zuletzt kommen auch vier Männer mit einem Mann, der auf einer Tragbahre liegt. Dieser Mann ist schon sehr lange gelähmt, er kann seine Beine nicht bewegen und sich auch nicht aufrichten. Tag und Nacht muss er auf der Bahre liegen und sich von anderen helfen lassen, obwohl er gerne wie sie herumspringen würde.

Könnt ihr euch vorstellen, wie es einem Gelähmten geht? Was kann er alles alleine machen und wo benötigt er Hilfe?

„Wir bringen dich zu Jesus, denn er kann dir bestimmt helfen“, sagt einer der Männer und versucht, sich einen Weg durch die Menge zu bahnen. Doch es geht nicht, sie kommen einfach nicht weiter. Sollen sie etwa umkehren? Dann wäre der ganze Weg umsonst gewesen. „Ich habe eine Idee, wir steigen einfach über die Treppe aufs Dach“, meint einer der Männer. „Das ist ein wirklich guter Vorschlag“, sagen die anderen und schon steigen sie mit dem gelähmten Mann höher und höher. Damals, zur Zeit Jesu, war draußen eine Treppe neben dem Haus angebaut. Die vier Freunde nehmen außerdem noch eine Hacke mit auf das flache Dach.

Was haben die vier Freunde wohl vor?

Oben angekommen stellen sie die Trage mit dem Gelähmten ab und beginnen mit den Händen zu buddeln und mit der Hacke das Lehmdach aufzuschlagen. Sie wühlen sich durch den getrockneten Lehm und das Stroh, bis ein Loch entsteht. Die Leute schreien schon: „Was macht ihr denn da? Ihr zerstört doch das ganze Dach.“ Die Freunde hören kurz auf: „Ja, die Leute haben recht, doch wie sollen wir sonst zu Jesus kommen? Es nützt nichts, wir machen weiter!“
Während Jesus drinnen von Gott erzählt, buddeln die Männer fleißig weiter. Staub und Lehm fallen von der Decke, in immer größeren Stücken, bis ein großes Loch entstanden ist. Jesus schaut nach oben und entdeckt, dass die vier einen Kranken bei sich haben: „Ihr müsst großes Vertrauen zu mir haben, dass ihr diese Arbeit auf euch nehmt, um eurem Freund zu helfen“, sagt Jesus. Die Männer lassen die Trage an vier Stricken direkt vor Jesus herunter und die unten stehenden Menschen gehen zur Seite, damit das Gestell mit dem Gelähmten Platz im Zimmer hat.
Als der Kranke vor ihm liegt, sagt Jesus: „Du hast vieles in deinem Leben getan, was nicht gut war. Das ist deine eigentliche Krankheit und die will ich dir abnehmen. Es soll dir vergeben sein, und zwischen dir und Gott ist alles wieder gut.“
Die umstehenden Menschen sind ganz durcheinander, denn sie haben etwas anderes erwartet. Sie murmeln: „Was haben denn seine Taten mit der Krankheit zu tun? Heilen soll er ihn.“ Andere sagen: „Wieso weiß er denn, dass Gott dem Mann verzeiht? Er kann ja leicht sagen, deine Sünden sind dir vergeben, aber Jesus soll auch zeigen, dass er ihn heilen kann.“

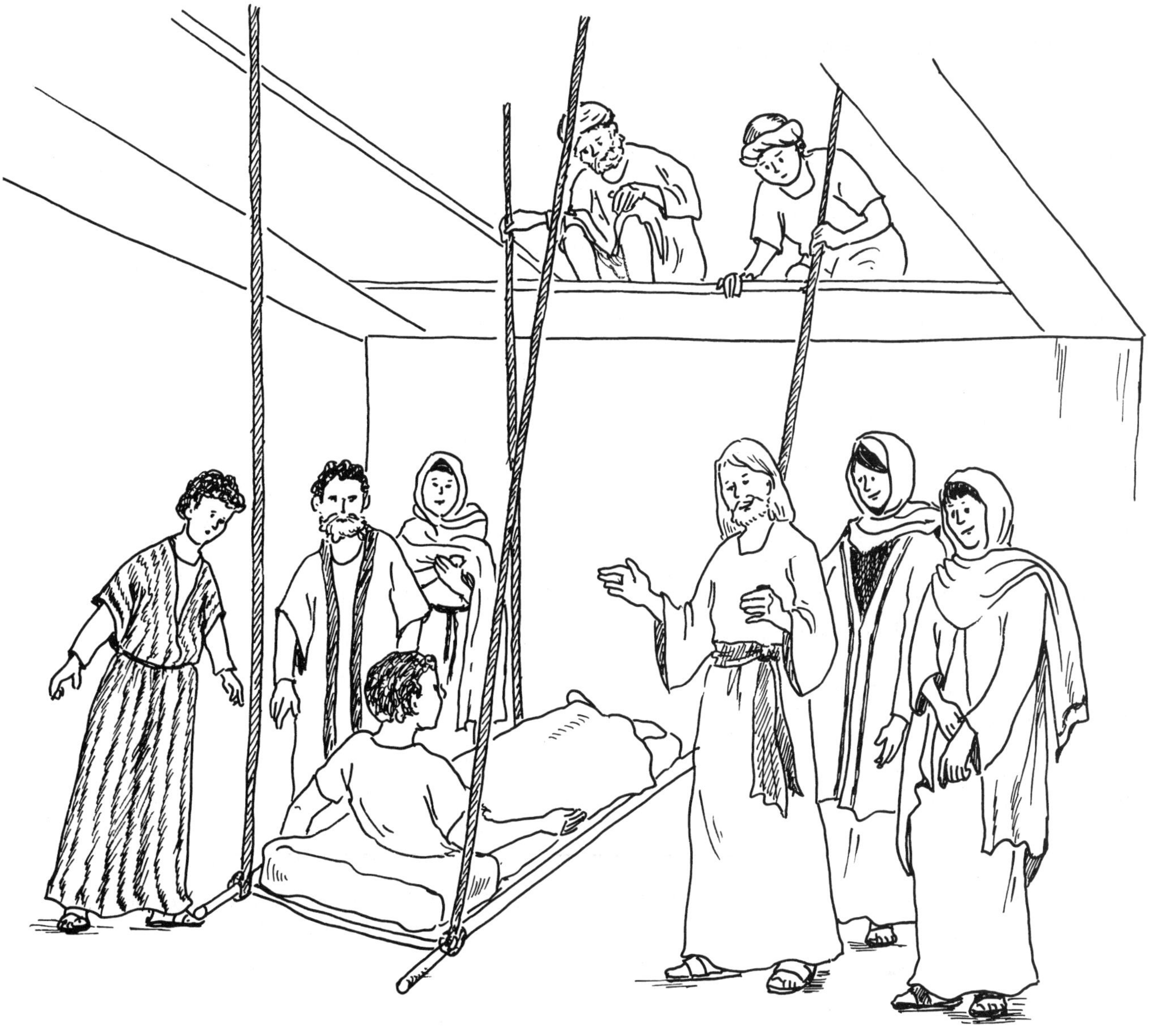

Jesus sieht die Leute an, er weiß, dass man den Körper nicht nur mit Medikamenten heilt, sondern auch die Seele heilen muss. Man muss die Menschen lieb haben. Darum sagt er zu den Menschen: „So will ich auch das tun, was euch schwerer erscheint, nämlich den Mann zu heilen. Dann könnt ihr sehen, dass alles, was ich sage, von Gott kommt.“ Jesus schaut den Gelähmten fest an und sagt: „Steh auf, nimm deine Trage und geh mit deinen Freunden nach Hause!“

Sofort nimmt der Mann, ohne dass ihm einer hilft, seine Tragbahre und geht schnell und glücklich hinaus.

Lehrerinformation

Unter den synoptischen Wundererzählungen nimmt diese eine Sonderstellung ein, da ein Kranker nicht nur geheilt wird, sondern ihm auch die Sünden vergeben werden.

Als Jesus nach Kafarnaum zurückkehrt, seinem Hauptbezugsort während seines galiläischen Wirkens, predigt er den Menschen wieder das Wort, in einem Haus, das an Leuten überquillt. Ein gelähmter Mann, wieder ein Außenseiter der Gesellschaft, wird von seinen vier Freunden mittels einer Tragbahre auf das Flachdach des Hauses getragen. Die Deckschicht wird entfernt und er wird heruntergelassen, direkt vor Jesu Augen. Die Freunde des Gelähmten glauben so fest an Jesus, dass sie bereit sind, alles für ihn zu tun. Jesus heilt ihn und der Gelähmte geht ohne ein Wort des Dankes weg.

An dieser Erzählung wird deutlich, dass nicht die Wunderheilungen das Wichtigste sind, was Jesus vollbracht hat, sondern die Wiederherstellung der Gemeinschaft mit Gott, denn er befreit den Gelähmten auch von seinen Sünden. Diese Aussage Jesu provoziert ein Streitgespräch zwischen den anwesenden Schriftgelehrten und Jesus: Hat er einen Anspruch auf das Vorrecht Gottes, Sünden zu vergeben? Am Ende jedoch loben sie Gott. Das Verhalten Jesu (Sündenvergebung) ist nicht einmalig, sondern gehört zu seiner Praxis und Lehre.

Weitere Ideen:

Zur Einstimmung könnte ein Bild von einem Rollstuhl gezeigt werden, um miteinander ins Gespräch zu kommen.

- vor und nach der Heilung: bei einem Bild in die Denkblasen schreiben, was der Gelähmte vor und nach seiner Heilung für Gedanken hatte
- der gelähmte Mann ist froh über seine Heilung und hüpft vielleicht vor Freude → ausprobieren, auf welche unterschiedlichen Arten man gehen kann
- Überlegungen anstellen, was man alles mit seinen Beinen machen kann
- Querschnittsgelähmte Menschen: Was können sie nicht allein bewältigen? Wozu benötigen sie Hilfe?
- Menschen im Rollstuhl zu ihrer derzeitigen Situation befragen
- einen Rollstuhl ausleihen und ausprobieren, wie schwer es ist, damit im Alltag umzugehen. Wo treten beispielsweise Schwierigkeiten auf? Bekommt man von Außenstehenden Hilfe?
- erfahren, wie es ist, gelähmt zu sein: Arme und Beine schlaff hängen lassen, leicht hochhalten und wieder fallen lassen
- Wackelfiguren basteln (Beweglichkeit unserer Gelenke und Gliedmaßen wird sichtbar)

Lieder:

„111 Kinderlieder“:	Dass ich springen darf
„Das große Liederbuch“:	So ist es in Kafarnaum gescheh'n
„Singt dem Herrn“:	Gottes Liebe ist so wunderbar
	Alle Knospen springen auf

Ans Bett gefesselt

Manchmal bist du krank, so wie dieses Kind auf dem Bild. Dann musst du im Bett liegen bleiben. Doch nach ein paar Tagen darfst du schon wieder aufstehen und kannst herumtollen.

a) Was machst du, wenn du krank im Bett liegst?

____

____

____

____

____

b) Schreibe in die Denkblase, wie du dich fühlst, wenn du krank im Bett liegen musst.

Der Gelähmte war viele Jahre krank. Er konnte jahrelang nicht aufstehen und war immer auf die Hilfe anderer angewiesen.

c) Wie ist es wohl, wenn man jahrelang nicht aufstehen kann? Schreibe in einer Tagebuchnotiz auf, wie ein typischer Tag im Leben des Gelähmten verlaufen sein könnte.

Kafarnaum, 12. März

Heute bin ich wieder um 6 Uhr aufgewacht. ______________________

____

____

____

____

____

Ein Stabpuppenspiel zur Geschichte

Man benötigt:

- einen großen Karton
- Kulissen (Häuser, Bäume)
- Jesus, der Gelähmte, Kind und Menschenmenge als Stabfiguren (Schaschlikspieße)

Bevor gespielt werden kann, muss ein Stück aus dem Karton herausgeschnitten werden, damit man mit den Stabfiguren agieren kann. In den Karton werden Häuser und Bäume geklebt.

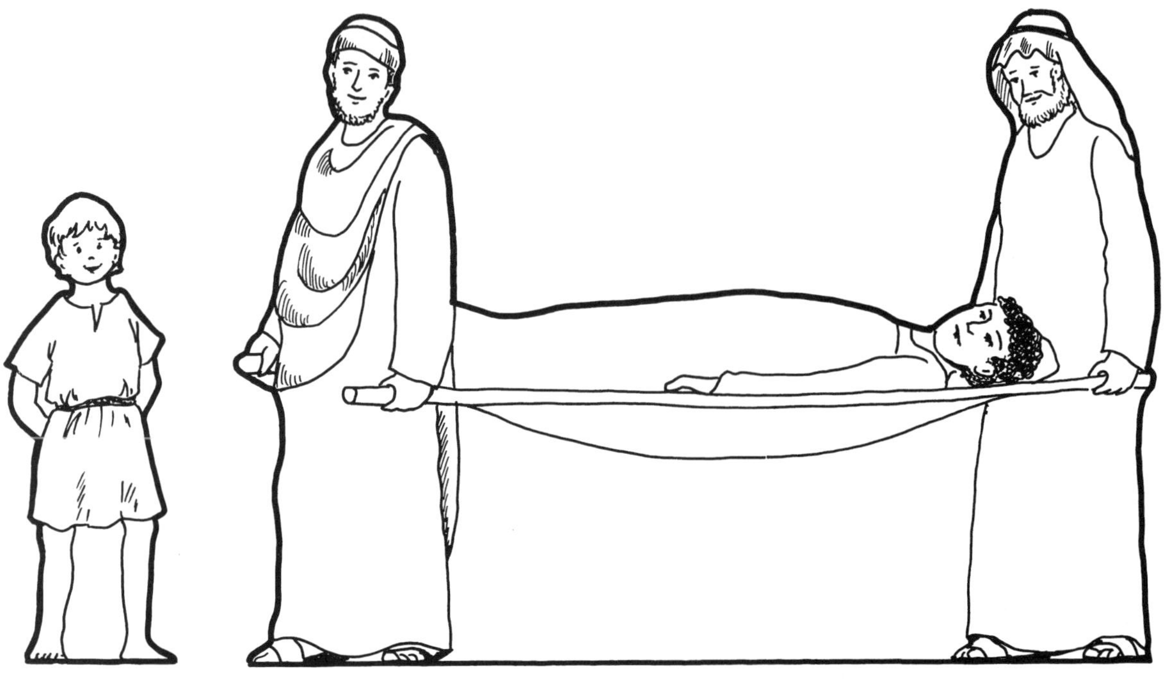

Eine wunderbare Erfahrung im Psalm ausdrücken

Psalm 13

Wie lange noch, Herr, vergisst du mich ganz?
Wie lange noch verbirgst du dein Gesicht vor mir?
Wie lange noch muss ich Schmerzen ertragen in meiner Seele,
in meinem Herzen Kummer Tag für Tag?
Wie lange noch darf mein Feind über mich triumphieren?
Blick doch her, erhöre mich, Herr, mein Gott,
erleuchte meine Augen, damit ich nicht entschlafe und sterbe,
damit mein Feind nicht sagen kann:
„Ich habe ihn überwältigt“,
damit meine Gegner nicht jubeln,
weil ich ihnen erlegen bin.
Ich aber baue auf deine Huld,
mein Herz soll über deine Hilfe frohlocken.
Singen will ich dem Herrn,
weil er mir Gutes getan hat.

a) Lies im Wörterbuch nach, was ein Psalm ist.

b) Dies ist ein Klagepsalm aus der Bibel. Wovon handelt er?

c) Schreibe nun mit einem Partner einen Klagepsalm. Schildert zunächst den Zustand, die Not des Gelähmten. Dann fleht Gott um Hilfe an und dankt ihm in den letzten Zeilen für die Heilung. Schreibt den Psalm in der Ich-Form.

Hier ein Beispiel zur Heilung eines Blinden:

Keiner beachtet mich, alles um mich herum ist dunkel.
Ich höre die Stimmen der Menschen, doch sie bleiben nicht stehen.
Sag mir, Herr, warum kann ich nicht sehen? Warum hört mir keiner zu?
Ich sitze hier ganz allein auf der Straße. Ich bin von der Welt ausgeschlossen.
Für die anderen bin ich nicht wichtig.
Du aber, mein Gott, hast mich erhört. Mein Augenlicht hast du mir neu geschenkt.
Dafür danke ich dir von Herzen und ich will dich loben allezeit.

Manchmal ist man wie gelähmt ...

Manchmal ist man nicht krank wie der gelähmte Mann. Aber trotzdem ist man in einigen Situationen wie gelähmt.

Andreas ist auf dem Nachhauseweg. Es ist schon früh dunkel geworden. Fast keine Menschen sind mehr zu sehen. Nur noch wenige Meter, dann ist er zu Hause. Plötzlich sieht er im Schein der Straßenlaterne einen Mann, der auf ihn zukommt. Er will weglaufen, doch wie gelähmt bleibt er stehen.

Frau Meier ist zu Hause gerade beim Blumenpflanzen. Auf einmal klingelt das Telefon. Sie erhält eine Nachricht von der Polizei, dass ihre Tochter einen schlimmen Unfall hatte und nun im Krankenhaus liegt. Nachdem Frau Meier den Hörer aufgelegt hat, ist sie ganz zittrig und durcheinander. Viele Gedanken gehen ihr durch den Kopf. Doch sie ist wie gelähmt, sie weiß nicht, was sie zuerst tun soll.

a) Auf welche Weise sind die Menschen in diesen beiden kurzen Erzählungen gelähmt?

b) Wie unterscheidet sich das Gelähmt-Sein der beiden?

c) Gibt es Augenblicke, in denen du wie gelähmt bist?
Schreibe oder male es um das Bild auf.

Die Speisung der 5000 *(nach Lk 9,10–17)*

Dies ist die Geschichte vom großen Sattwerden.

Nach einiger Zeit kommen die zwölf Jünger wieder zu Jesus an den See Genezareth zurück. Sie wollen ihm von ihren Wanderungen von Dorf zu Dorf erzählen und was sie den Menschen dort gepredigt haben. „Wir sind schon so lange unterwegs, immer wollen die Menschen zu Jesus, das geht oft von morgens bis abends, nicht einmal zum Essen kommen wir“, sagt einer der Jünger.

Was macht ihr, wenn ihr Ruhe vor anderen Menschen haben möchtet?

„Dann fahren wir jetzt auf die andere Seite des Sees nach Betsaida und ruhen uns heute einmal aus“, schlägt Jesus vor. So gehen sie an diesem sonnigen Tag gemeinsam hinunter zum See, um auf die andere Seite zu fahren, damit sie sich in Ruhe unterhalten können. Die Leute im Hafen sehen, dass Jesus mit seinen Jüngern wegfahren will, und laufen um den See herum, um ihn dort zu suchen.
Auf der anderen Seite des Sees steigt Jesus gerade aus dem Boot und geht mit seinen Jüngern in die Berge, damit sie allein und ungestört sind. Doch die Leute erzählen einander weiter, wo sie Jesus und seine Jünger zuletzt gesehen haben. Als Jesus gerade auf dem Berg ist, strömen schon die ersten Menschen zusammen. „Mit unserem ruhigen Tag wird es wohl nichts“, sagen die Jünger, denn es werden immer mehr Menschen und auch Kranke werden gebracht. So erzählt Jesus der Menschenmenge den ganzen Tag von Gott, hört sich die Sorgen und Nöte der Kranken an und tröstet sie. Die Menschen sind hungrig nach seinen Worten, sie brauchen ihn einfach, das hat auch Jesus gemerkt, und so kümmert er sich um sie, weil es ja sonst keiner tut. Die Jünger unterstützen ihn, obwohl sie sehr müde sind. Das geht bis in den Abend hinein, bis die Sonne untergeht.
Die Leute merken gar nicht, wie die Zeit vergeht, denn sie haben Jesus gespannt zugehört. Jetzt sind sie müde und auch hungrig.

Wenn ihr mit euren Eltern bei einem Ausflug lange Zeit draußen seid, was macht ihr dann, wenn ihr Hunger habt?

„Jesus, gleich wird die Sonne untergehen und es wird schon etwas kälter. Lass die Leute doch wieder an den See gehen, damit sie sich in den Dörfern etwas zu essen kaufen können. Hier sind wir an einem abgelegenen Ort, an dem es nichts zu essen gibt.“
„Na, dann gebt ihnen doch etwas zu essen!“, antwortet Jesus. Die Jünger erwidern: „Wie sollen wir das denn machen? Wir können doch nicht für so viele Leute Brot kaufen gehen!“ „Und wo sollen wir das Brot so spät noch herbekommen?“, fragt Johannes. Insgesamt sind bestimmt um die 5000 Menschen anwesend. „Na, dann fragt doch einfach herum, ob irgendwer etwas zu essen mitgenommen hat“, schlägt Jesus ihnen vor. So fragen die Freunde Jesu überall in der riesigen Menschenmenge nach. „Habt ihr vielleicht etwas mitgebracht?“ Aber die meisten Menschen schütteln nur den Kopf und verneinen die Frage. Schließlich kommen sie zu einem Jungen, der fünf Brote und zwei Fische in seiner Tasche hat. Petrus bringt ihn zu Jesus und sagt: „Dieser Junge hat zwei Fische und fünf Brote. Aber das reicht niemals für so viele Leute.“

Jesus fordert die Menschen auf, sich gruppenweise zu etwa 50 ins Gras zu setzen. „Hört einmal her, wir sitzen gerade so schön beieinander und haben nicht bemerkt, dass es Abend geworden ist. Wir haben nur wenig zu essen, und das, was wir gleich austeilen, muss für alle reichen“, sagt Jesus. Dann nimmt er die fünf Brote und zwei Fische, blickt zum Himmel und spricht das Dankgebet. Dann bricht Jesus das Brot und den Fisch und sagt: „Teilt das an die Menschen aus.“ Und alle essen und werden satt. Mit den Resten füllen sie sogar noch etwa zwölf Körbe. Alle sind glücklich, obwohl sie recht wenig gegessen haben, da merken die Leute: „Wenn wir einander vertrauen und miteinander teilen, was wir haben, werden alle satt.“ Und Jesus sagt: „Sicher braucht ihr das tägliche Brot, aber mich braucht ihr noch viel mehr.“

Lehrerinformation

Schauplatz der Wundererzählung sind zwei verschiedene Orte am See Genezareth. Die Erzählung zeichnet sich durch eine Vermehrung materieller Güter aus. Im Neuen Testament wird Jesu große Speisung des Volkes in Galiläa von den Evangelisten in sechs Versionen überliefert. Diese sechs Versionen gehen auf zwei Traditionen zurück. Während in den Textstellen Mk 8,1–9 und Mt 15,32–39 von sieben Broten und ein paar Fischen geredet wird, sprechen die anderen Stellen Mk 6,30–44; Mt 14,13–21; Lk 9,10–17 und Joh 6,1–15 von fünf Broten und zwei Fischen. In der vorliegenden Erzählsituation liegt keine akute Notsituation vor, denn die Menschen könnten in die umliegenden Dörfer gehen und sich dort etwas zu essen kaufen. Jesus möchte aber, dass seine Zuhörer bleiben und sie gemeinsam essen. In dieser Zuwendung bezieht Jesus auch seine Jünger mit ein: Sie sind jetzt nicht nur Begleiter, sondern Helfer beim Betreuen der Leute. Am Ende der wundersamen Brotvermehrung werden sogar noch 12 Körbe mit den Resten gefüllt, ein Hinweis auf die Größe des Wirkens Jesu. Die Zahl 12 ist eine Anspielung auf das Zwölfstämmevolk.

Weitere Ideen:

Zur Einführung einen Picknickkorb hinstellen und darüber sprechen, was alles hineingehört bzw. wer schon einmal so ein Picknick gemacht hat.

Folgende Möglichkeiten rund ums Brot bieten sich an:

- Welche Getreidesorten gibt es?
- Vom Korn zum Brot (siehe auch „Vom Korn zum Brot“ von G. Schlesiger-Imbery (2008), 3. Aufl., Auer Verlag: Donauwörth)
- Bäckerei (evtl. eine besuchen und mithelfen)

Redensarten vom Brot

sein Brot verdienen = seinen Unterhalt zum Leben verdienen

das ist ein hartes Brot = schwere, mühsame Arbeit

wes Brot ich ess, des Lied ich sing = in wessen Dienst ich stehe, auf dessen Seite muss ich mich stellen

kleine Brötchen backen = sich mit weniger zufrieden geben

jemanden brotlos machen = jemandem die Arbeit wegnehmen

brotlose Kunst = eine Beschäftigung, die kein Geld einbringt

Lieder:

„111 Kinderlieder“:	Speisung der Fünftausend
	Die Speisung der Fünftausend
„Das große Liederbuch“:	So teilen wir das Brot
	Teilst du mit mir dein Brot
	Danke für das Brot
„Singt dem Herrn“:	Wenn das Brot, das wir teilen
	Der kleine Jonathan

Nach der Speisung ...

Nach der Speisung machen sich die vielen Menschen wieder auf den Heimweg. Sie gehen zurück in ihre Dörfer und Städte.

a) Schreibe in die Sprechblasen, worüber sich die Menschen in den verschiedenen Situationen unterhalten könnten.

b) Tauscht eure Ideen in der Klasse aus und versucht, eine Szene nachzuspielen.

Grundnahrungsmittel: Brot

Ein wichtiges Grundnahrungsmittel ist seit Jahrtausenden das Brot. Zur Zeit Jesu haben Frauen das Brot gebacken.

1. Zunächst mahlten sie die Getreidekörner in einem Mörser.
2. Danach fertigten sie einen Teig an und formten Fladen daraus.
3. Nun konnten die Fladen gebacken werden.

a) Schreibe die Zahlen an das passende Bild.

b) Auch heute noch backen viele Menschen ihr Brot selbst. Probiert doch folgendes Rezept in eurer Klasse aus.

Fladenbrot

Zutaten (reicht für 10 kleine Fladen):

- 2 Tassen Weizenmehl
- 1 Teelöffel Salz
- 50 ml Öl
- $1/2$ Tasse lauwarmes Wasser
- Kräuter: Thymian, Majoran

So geht es:
Die Zutaten zu einem festen Teig verrühren und kräftig kneten, bis er Blasen wirft. 10 kleine Kugeln formen und zu dünnen Fladen zurechtdrücken. In einer sehr heißen, ungefetteten Pfanne (Gusseisen) von beiden Seiten backen, bis die Fladen braunfleckig werden.

Dann sofort servieren.

Unser tägliches Brot

Mit dem Brot in der Geschichte ist nicht nur das Brot zum Essen gemeint.
Brot heißt alles, was Menschen zum Leben brauchen. Brot können Menschen sein; das, was sie sagen oder tun, oder wie sie sich verhalten.

a) Überlege mit einem Partner, was wir als „tägliches Brot" alles brauchen.

b) Schreibt es in die Brote des Korbes.

c) Tragt anschließend in der Klasse zusammen, was ihr alles gefunden habt.

Alle wurden satt

Alle Menschen wurden satt. Doch wie ist das möglich?
Viele Leute hatten ihr Brot in der Tasche, andere hatten nichts. Als Jesus zu ihnen sprach, spürten sie, wie eine große Liebe von ihm ausging. So konnten sie ihren Nachbarn auch ein wenig mehr lieben und sie merkten, dass das Brot in ihren Taschen auch für die bestimmt war, die nichts hatten.
So öffneten sie ihre Herzen und sie teilten mit allen.

Manchmal aber braucht man fast nichts, um satt zu werden. Wenn man glücklich ist, kann es sein, dass man nicht viel zu essen braucht.
Menschen oder Worte haben einen satt werden lassen.

a) Kennst du die Situation, dass du deine Sachen auch schon mal mit anderen, vielleicht auch mit ganz fremden Menschen geteilt hast?

b) Male einen Comic dazu und schreibe in die Sprech-/Denkblasen, was du dir dabei gedacht hast und wie du dich nach dem Teilen gefühlt hast.

c) Erzähle auch davon, wie du schon einmal so froh warst, dass du fast keinen Hunger hattest bzw. das Essen vergessen hast.

„Ich bin das Brot des Lebens" (Joh 6,35)

„Ich bin das Brot des Lebens."
Diesen Satz hat Jesus einmal gesagt.

a) Überlegt gemeinsam, was Jesus wohl damit ausdrücken wollte. Denkt dabei an all das, was mit Brot gemeint sein kann. Notiert eure Überlegungen hier auf dem Blatt.

Ein Mosaik am See Genezareth

Dieses Mosaik befindet sich in der Brotvermehrungskirche am See Genezareth.

a) Schau es dir genau an. Was ist auf dem Bild zu sehen?

b) An was erinnert dich das Bild?

c) Gib dem Bild eine Überschrift.

Ein eigenes Mosaik anfertigen

Man braucht:

- ein quadratisches Stück Pappe (besser einen Teller oder eine Fliese)
- Mosaik-Glassteine
- Mosaik-Fugenmasse
- Mosaik-Acryl-Kleber (es geht aber auch normaler Flüssigkleber)
- einen kleinen Schwamm

Zunächst müsst ihr euch ein Muster überlegen, passend zu der Geschichte, und es auf ein kariertes Blatt zeichnen (so groß wie die Pappe). Dann legt ihr die Mosaiksteinchen genau nach dieser Vorlage auf die Pappe und klebt sie fest.
Nachdem der Kleber getrocknet ist, muss das Mosaik mit der Fugenmasse verfugt werden. Die überschüssige Masse wird mit einem kleinen Spachtel herausgekratzt.
Um das Mosaik von letzten Resten zu befreien, solltet ihr es noch mit einem feuchten Schwamm abwischen.

Fertig ist das Mosaik.

Alternativ könnt ihr auch Kügelchen aus Seidenpapier zu einem Mosaik aufkleben.

Die Stillung des Sturms *(nach Mk 4,35–41)*

Markus, einer der Evangelisten, lebte zu einer Zeit, als die Menschen verfolgt wurden, wenn sie sich zu ihrem Glauben an Jesus bekannten.
Für sie hat er diese Geschichte geschrieben:

Jesus hat mit seinen Jüngern wieder vor vielen Menschen am See Genezareth gesprochen. Nun ist es bald Abend und Jesus steigt mit seinen Freunden in ein Boot, um an die andere Seite des Sees zu fahren. Sie wollen nämlich in Kafarnaum im Haus des Petrus übernachten. Als sie abfahren, scheint die Sonne warm und funkelnd auf das Wasser, der See ist ruhig und das Boot schaukelt auf und nieder. „Einfach herrlich heute“, murmelt Andreas und reckt und streckt sich.

Seid ihr schon einmal mit einem Boot oder einem Schiff gefahren?

Bei dem ruhigen Geschaukel schläft Jesus im hinteren Teil des Bootes ein, er ist nämlich vom vielen Reden etwas müde. Auf einmal aber frischt der Wind auf und das Wasser ist nicht mehr so ruhig wie zuvor. Auch am Himmel bilden sich dunkle Wolken, und schon türmen sich die ersten Wellen auf. Das Wasser schäumt, die Wellen werden von heftigem Wind gepeitscht und das kleine Boot schleudert hin und her. Nun reißt sich noch das Segel los und die erste hohe Welle bricht ins Boot. „Wir müssen schöpfen, los, beeilt euch! Sonst werden wir kentern und alle ertrinken“, schreit Jakobus den anderen zu. Alle packen mit an, doch die Wellen sind stärker, werden immer höher und heftiger und wieder ist das Boot voll Wasser. „Wo ist Jesus nur?“, brüllt Philippus.
Die Jünger haben große Angst zu ertrinken. Sie zittern und sind am Verzweifeln, denn so einen schweren Sturm haben sie noch nie erlebt. Sie rufen und schreien: „Jesus, merkst du nichts?! Wir gehen bald unter!“
Einer schreit: „Hilfe, ich verliere gleich das Ruder! Los, wir müssen das Wasser schneller aus dem Boot schöpfen!“

Ist euch vielleicht auch schon so etwas passiert? Vielleicht kein so heftiger Sturm, aber doch schwer genug, dass ihr Angst hattet?

Jesus steht ganz ruhig auf und sieht den schweren Sturm. Er sieht aber noch mehr: Auch in den Jüngern tobt es, ihr Glauben, ihr Vertrauen scheint wie weggeblasen. Er schaut sie an, und in den Herzen der Jünger wird es still. Sie wissen, sie sind geborgen und können auf Gott vertrauen, immer und überall.

Jesus stellt sich an die Spitze des Bootes und sagt: „Ganz ruhig, du wirfst unser kleines Boot doch nicht um!“ Wenige Augenblicke später lässt der Sturm nach, das Wasser wird ruhiger und die Wolken reißen auf. „Warum habt ihr denn so große Angst?“, fragt Jesus seine Jünger, „Ihr wisst doch, dass Gott auf euch alle aufpasst. Verlasst euch auf ihn und euch wird nichts passieren.“ Sie reparieren das Segel, fahren sicher nach Kafarnaum und denken sich: „Was ist das für ein Mensch, dass er sogar den Sturm in der Hand hat? Nicht nur den richtigen Seesturm, sondern auch den Sturm, der in uns tobt.“
Die Jünger wissen: „Wenn wir auf Gott vertrauen und an ihn glauben, brauchen wir keine Angst zu haben. Bei ihm sind wir geborgen.“

Lehrerinformation

Die Wundererzählung wird von Mk, Lk und Mt überliefert und spielt auf dem See Genezareth. Jesus, die Jünger und der personifizierte Sturm sind die Hauptakteure dieser Geschichte. In ihrer Angst und Not stellen die Jünger Jesus sogar die Frage, ob er nicht merkt, dass sie untergehen. Obwohl sie dabei waren, wenn Jesus von seiner Botschaft erzählte, heißt das nicht, dass sie sie ganz verstanden haben. Besonders in Situationen wie diesen wird dies deutlich. Sie kennen Jesus recht gut und wissen um seine wunderbaren Taten. Die Jünger müssen doch darauf vertrauen, dass Jesus imstande ist, in dieser Situation zu helfen, und doch stellen sie Jesus die vorwurfsvolle Frage. Jesus, der sich den Schlaf redlich verdient hat, wechselt nun wieder in eine aktive Rolle und maßregelt den Wind, ruhiger zu werden, was auch sofort geschieht. Diese Erzählung ist eine Ermutigung, ganz auf Jesus zu vertrauen, das eigene Leben in seine Hand zu legen und auch in schwierigen Situationen, in Angst und Not an ihn zu glauben. Übrigens können schwere Stürme auch heute plötzlich auf dem See Genezareth entstehen, wenn ein von Westen kommender Wind durch das Arbel-Tal weht und dann als Sturmböe zum See hinuntergedrückt wird.

Weitere Ideen:

Als Einstieg könnte man eine Fantasiereise auf einem Boot unternehmen oder Postkarten mit Booten und Wasserbewegungen (ruhiges Wasser/starke Wellen) zeigen.

- Erfahrungen mit Wasser sammeln fühlen → mit den Händen schöpfen; sehen → unterschiedliche Färbungen; hören → plätschern, strömen, rauschen, rinnen, perlen → hier könnte man eine Wassergeräusche-CD zusammenstellen; riechen → frisch, faulig, modrig; schmecken → süß, salzig
- was Wasser alles kann: Wasser hat Kraft, kann reinigen, beleben, kann zerstören (Überschwemmungen, Flutwellen), kann tragen (Welche Stoffe bleiben oben?)
- Wozu benötigen wir Wasser?
- verschiedene Darstellungen des Seesturms miteinander vergleichen (z. B. Rembrandt 1633/ Relindis Agethen 1984)
- nachspielen der Geschichte, sodass alle Kinder der Klasse eingebunden werden (Jesus, Jünger, die Wellen, der Sturm)

Redensarten mit Wasser

bei Wasser und Brot sitzen = eingesperrt sein
jemandem das Wasser nicht reichen können = tief unter jemandem stehen
Wasser mit einem Sieb schöpfen = sich vergeblich Mühe geben
jemandem Wasser in den Wein gießen = die Begeisterung des anderen dämpfen
mit allen Wassern gewaschen sein = gerissen, raffiniert sein
es wird überall nur mit Wasser gekocht = es wird überall mit denselben Mitteln gearbeitet
unter Wasser stehen = überschwemmt sein
Wasser hat keine Balken = im Wasser muss man schwimmen können
bis dahin läuft noch viel Wasser den Berg hinunter = bis dahin geschieht noch manches

Lieder:

„111 Kinderlieder“:	Jesus stillt den Sturm
„Das große Liederbuch“:	Wir fahren übern See
	Ihr braucht nicht ängstlich sein
„Singt dem Herrn“:	Von guten Mächten

Der Sturm auf dem See Genezareth

a) Betrachte das Bild in Ruhe.

b) Notiere die Gedanken und Gefühle der Personen in dem Boot.

c) Füge neue Bildelemente ein, z. B. aus Zeitungen und Zeitschriften, die zeigen, wovor sich Menschen in unserer Zeit fürchten.

Ein Hörspiel zur Erzählung

Arbeitet in einer 5er-Gruppe zusammen.

a) Lest euch die Geschichte noch einmal durch.

b) Schreibt auf, welche Geräusche und Stimmen vorkommen.

c) Überlegt, wie ihr sie nachmachen könnt. Wenn ihr keine Ideen habt, schaut unten in den Tipps nach.

d) Anschließend liest einer den Text vor und die anderen machen die Geräusche dazu und sprechen die Sätze, wenn eine Person in der Geschichte etwas sagt.

e) Wenn ihr alles gut geübt habt, könnt ihr das Stück auf CD oder Kassette aufnehmen.

Tipps, wie man bestimmte Geräusche nachmachen kann:

Regen:	Reis in eine Pappschachtel rieseln lassen
starker Regen:	wie beschrieben, nur schneller
Hagel:	Reis in eine leere Blechdose rieseln lassen
Donner:	ein großes, möglichst dünnes Kuchenblech an einer Ecke festhalten und kräftig schütteln oder kleine Murmeln in einen Luftballon stopfen, aufblasen, zuknoten und schütteln
Wind:	mit einer Bürste über eine Pappe streichen
Sturm:	ein Stück Kunstseide über eine Tischkante in unregelmäßigem Rhythmus hin und her ziehen
Gewitter:	alle Geräusche (Regen, Donner, Hagel, Wind) gleichzeitig ausführen
kleine Wellen:	mit der Hand in einer Schüssel mit Wasser plätschern
Meeresrauschen:	mit einer Bürste auf einem Kuchenblech im Takt einer Brandung hin- und herbürsten, dabei mal etwas stärker, dann wieder etwas schwächer drücken
Ruderboot:	ein Küchenbrettchen wird in einer großen Schüssel Wasser im Rudertakt bewegt. Dabei ruhig das Wasser vom Brett immer ganz kurz heruntertropfen lassen, das klingt dann richtig echt

Alle Menschen haben Angst

Kinder haben vor vielen Dingen Angst: Klassenarbeiten, allein zu sein, vor Tieren …
Doch auch Erwachsene haben Angst.

a) Sammle Beispiele, wovor man Angst haben kann.

b) Welche Gründe gibt es dafür?

c) Versuche, rechts ein Bild zu zeichnen, das die Angst der Jünger im Boot verdeutlicht. Denke dabei an den Gesichtsausdruck, den eine Person macht, wenn sie Angst hat.

d) Achte beim Anmalen auf die richtige Farbwahl, sodass die Angst noch anschaulicher wird.

„Das Wasser steht mir bis zum Hals“

Manchmal reden Leute so:

„Ich verliere den Boden unter den Füßen!“

„Das Wasser steht mir bis zum Hals!“

a) Wann hast du schon einmal so etwas erlebt? Gab es eine Person, so wie Jesus in der Geschichte, die dir Mut gemacht hat und der du dein Vertrauen geschenkt hast?

b) Schreibe und male.

Was ist das für ein Mensch?

a) Sammle Aussagen über Jesus zu der Frage: *Was ist das für ein Mensch?*

Du kannst dazu Zitate aus der Bibel benutzen oder Menschen in deiner Umgebung befragen. Schreibe deine Ergebnisse anschließend auf ein Extrablatt und werte es gemeinsam mit der Klasse aus.

b) Nun suche unterschiedliche Jesusdarstellungen in Büchern, im Internet, auf Postkarten usw. Wie wird Jesus darauf dargestellt?

c) Gestalte aus den Bildern eine kleine Ausstellung.

Menschen, über die wir heute staunen

Die Jünger Jesu haben über Jesu Verhalten gestaunt.

a) Gibt es für dich heute Menschen, über die du staunst? Was findest du an einem solchen Menschen faszinierend? Möchtest du so werden wie dieser Mensch? Begründe deine Antwort.

b) Um deiner Klasse diesen Menschen besser und vor allem näher vorzustellen, solltest du einen Steckbrief anfertigen.

Name: ______________________________

Alter: ______________________________

Beruf: ______________________________

Hobbys: ______________________________

____

So bin ich auf diese Person gestoßen: ______________________________

____

____

Darum fasziniert mich diese Person: ______________________________

____

____

Das weiß ich noch über die Person: ______________________________

____

____

So sieht die Person aus: ______________________________

____

Die Heilung des Aussätzigen *(nach Mk 1,40–45)*

Jesus ist wieder mit seinen Jüngern unterwegs in Galiläa, um zu predigen, den Kranken zu helfen und den Menschen einfach nur zuzuhören. In der Gegend, in der sich Jesus gerade aufhält, lebt ein Mann, der an Lepra erkrankt ist. Lepra ist eine schlimme Hautkrankheit, die damals nicht heilbar war. Heute allerdings gibt es Medikamente, mit denen man diese Krankheit stoppen kann.

Stellt euch mal vor, ihr habt überall Flecken an eurem Körper oder habt ganz schlimme Brandwunden. Wie reagieren wohl die anderen Menschen auf euch? Wie würdet ihr euch fühlen?

Bei der Leprakrankheit des Mannes ist fast seine ganze Haut von Geschwüren bedeckt. Die Krankheit zerfrisst seine Finger, Hände, Füße, das Gesicht, den ganzen Körper. Er sieht nicht mehr aus wie ein Mensch und viele trauen sich nicht, in das kaum mehr vorhandene Gesicht des Mannes zu blicken. Der Mann ist einsam und allein. Er weiß selbst, wie schrecklich er aussieht. Ein bisschen schämt er sich auch für seine Krankheit, denn man sagt, wer so eine schlimme Krankheit bekommt, wird von Gott für seine bösen Taten bestraft.
Um andere nicht anzustecken, muss er sich von ihnen fernhalten. Kommt ihm aber dennoch jemand entgegen, muss er diese Person warnen. Dazu benutzt er eine Rassel, die er immer schüttelt und dabei laut ruft: „Unrein! Unrein!“ Er ist allein mit dieser schrecklichen Krankheit, seinen Sorgen und Ängsten. Die anderen Menschen wollen ihn nicht sehen, sie ekeln sich vor ihm, und auch der Mann möchte ihnen seinen Anblick ersparen.
Ausgegrenzt von dieser Welt kommt dem Mann zu Ohren, dass sich Jesus in seiner Gegend aufhält. „Doch ob er auch in die Nähe des Gebietes kommt, in dem nur Aussätzige leben?“, fragt sich der Mann. Auf einmal erblickt er diesen wunderbaren Menschen, von dem er glaubt, dass nur er allein ihm helfen kann. Schnell, voller Hoffnung und Freude, läuft er auf Jesus zu wirft sich vor ihm auf die Knie. „Bitte, Jesus, du kannst mir helfen. Du kannst mich heilen, ich weiß es ganz genau.“
Die Menschen und auch die Jünger wollen Jesus wegziehen: „Komm weg, er ist unrein. Ihm kann man nicht mehr helfen. Es ist ja kaum mehr sein Gesicht erkennbar.“
Doch Jesus ekelt sich nicht vor ihm. Er sieht den Mann an und berührt ihn ohne Scheu mit seiner Hand. Dabei sagt er: „Ich will es, werde rein.“
Der Aussatz ist weg, der Mann ist wieder rein. Die Umstehenden sind fassungslos und sehen, dass die Haut des Mannes ganz gesund ist. Der Aussätzige selbst ist zunächst stumm vor Freude und Glück, er schaut an sich herunter, betrachtet seine Hände und Füße und sieht, dass sie wieder rein sind. Alle Geschwüre, die seinen Körper entstellt haben, sind nun verschwunden.

Ihr müsst dazu wissen: Früher glaubten die Menschen nämlich, wer unter einer Krankheit leidet, wird für sein schlechtes Verhalten im Leben von Gott bestraft. Und von dieser Krankheit konnte man auch nur von Gott erlöst werden. In ihren Augen wurden nur die Menschen krank, die Böses taten.

Jesus schickt ihn zum Priester: „Zeige dich dem Priester, damit er dich für rein erklären kann. Bringe auch ein Opfer dar. Erzähle aber niemandem, was passiert ist.“ Damals musste nämlich ein Priester entscheiden, ob jemand rein oder unrein war.
Schnell läuft der Mann zum Priester. Er ist so froh, dass er allen Menschen, denen er begegnet, von seiner Heilung erzählt: „Jesus hat mich geheilt! Ich hatte vorher Aussatz und als er kam, hat er mich geheilt!“
Diese wunderbare Tat verbreitet sich wie ein Lauffeuer, und Jesus kann sich zunächst in keiner Stadt mehr zeigen.

Lehrerinformation

In dieser Erzählung heilt Jesus einen Aussätzigen, der von sich aus selbst aktiv wird, sich über das Annäherungsverbot hinwegsetzt und auf Jesus zugeht. Er bezeugt damit seinen Glauben an Jesus und verleiht seiner Bitte durch einen Kniefall einen tieferen Ausdruck. Die ausgestreckte Hand Jesu verdeutlicht die Übertragung der heilenden Kraft auf den Aussätzigen. Ohne dass Jesus ihm den Auftrag gegeben hätte, erzählt er jedem, dem er begegnet, dass Jesus ihn geheilt hat. Er wird gleichsam zu einem Missionar Jesu und Jesus erhält noch mehr Zulauf von Kranken.
Aussatz/Lepra ist in der Bibel eine Sammelbezeichnung für eine Reihe von Hautkrankheiten. Die Menschen damals galten damit als unrein, waren Ausgestoßene der Gesellschaft, trugen zerrissene Kleidung und mussten Entgegenkommende durch das laute Rufen von „Unrein! Unrein!“ auf sich aufmerksam machen. Aussatz bzw. andere Krankheiten galten als schwere Strafe für Sünden, von denen man nur von Gott befreit werden konnte.

Weitere Ideen:

- zur Einstimmung könnte das Bildnis eines Leprakranken gezeigt werden
- die Geschichte kann als Standbild oder Schattenspiel vertieft werden
- Rollenspiel durchführen, um ermessen zu können, was es heißt, von der Gesellschaft/der Schulklasse ausgesetzt/ausgegrenzt zu sein
- Rußbilder anfertigen (Verglaste Diarahmen werden über eine Kerzenflamme gehalten, bis sich eine leichte Rußschicht auf dem Glas bildet. Dann kratzt man mit einem spitzen Stift Figuren in den Ruß. Zuletzt werden die entstandenen Dias projiziert.)
- die Geschichte in Partnerarbeit umschreiben, so wie sie heute passieren könnte

Lieder

„111 Kinderlieder“:	Die zehn Aussätzigen
„Das große Liederbuch“:	Ich gebe dir die Hände
„Singt dem Herrn“:	Einsam bist du klein
	Jedem gibst Du Deine Hände

Wieder im Leben

Hier siehst du, wie der Aussätzige über sich und sein Leben dachte, bevor er Jesus aufsuchte.

a) Ergänze die Aussagen.

Nach der Begegnung mit Jesus sind die düsteren Gedanken verschwunden. Jetzt sieht alles anders aus.

b) Schreibe auf, was er nun denkt.

Vom Aussatz gezeichnet

Menschen, die zur Zeit Jesu Lepra hatten, befanden sich in einer hoffnungslosen Lage.

a) Versuche, mit einem Partner Gründe dafür zu finden.
   Lest dazu auch den Wörterbuchartikel „Lepra“.

Unsere Krankheiten heute haben andere Namen. Es gibt Aids und andere tödliche Krankheiten. Außerdem sind da noch arme und arbeitslose Menschen, Obdachlose, Behinderte und Trauernde. Viele Menschen brauchen Hilfe. Wir dürfen sie nicht abschieben. Auch sie gehören zu uns.

b) Wie würdest du dich gegenüber solchen Menschen verhalten?
   Besprecht eure Meinungen in der Klasse.

c) Suche nun kurze Berichte oder Bilder in Zeitungen von Menschen, die heute ohne Hoffnung sind. Gestalte eine Collage.

Aussatz – ausgesetzt

Eine Frau hat ein Kind bekommen. Da sie es nicht ernähren kann, setzt sie das Kind auf einem Parkplatz aus.

Im Krankenhaus liegen viele Kranke. Bei einem Mann setzt vorübergehend die Atmung aus.

Familie Meier wurde in ihrem Schmuckladen überfallen. Um den Dieb zu fassen, setzt sie eine Belohnung aus.

Martins Mutter muss ständig meckern. An allem, was er anzieht und was er macht, hat sie etwas auszusetzen.

Vor Familie Webers Haus ist eine stark befahrene Straße. Manchmal lassen sie ihre Kinder dort spielen. „Damit setzen sie sie aber der Gefahr aus, von einem Auto angefahren zu werden“, meint der Nachbar.

a) Welche hier geschilderte Situation passt am ehesten zu der des Aussätzigen?
   Begründe deine Antwort.

b) Kennst du das auch, ausgesetzt zu sein? Sprecht in der Klasse darüber.

c) Fällt dir ein Beispiel ein? Schreibe es auf.

Mit aussätzigen Menschen umgehen

Ein Mann mit Namen Damian Deveuster kam auch mit Leprakranken in Kontakt. Er lebte von 1840 bis 1889.

Mit 23 Jahren geht der belgische Bauernsohn nach Hawaii (Südsee), um den Leuten dort von Jesus zu erzählen.
Eines Tages erfährt er, dass auf der Insel Molokai über 800 Leprakranke leben. Wer dorthin gebracht wird, kommt nie mehr zurück. Sie leben dort abgeschnitten von ihren Familien und Freunden.
Damian Deveuster fährt zu dieser Insel und bleibt dort. Er versorgt die Kranken und baut mit ihrer Hilfe Holzhäuser.
Um auf die Leprakranken aufmerksam zu machen, schreibt er Briefe in die ganze Welt. Er bittet um Hilfe und Spenden. Schließlich bekommt er einen Arzt und Pflegepersonal.

Die Kranken spüren: Es gibt einen, der ganz für sie da ist.
Nach 13 Jahren auf der Insel entdeckt Damian bei sich erste Anzeichen von Lepra. Die Krankheit zerfrisst Hände, Füße und sein Gesicht.

Als er 1889 stirbt, ist die Welt aufgerüttelt.
Wissenschaftler versuchen, Heilungsmöglichkeiten zu finden, und Hilfsorganisationen werden aufgebaut.

a) Stellt in Partnerarbeit zusammen, was ihr an Damian Deveuster beispielhaft findet.

b) Vergleicht in einer Tabelle, was Jesus und Damian Deveuster getan haben.

c) Als Damian Deveuster lebte, hielten ihn manche Menschen für einen Verrückten. Was meint ihr dazu? Tauscht eure Meinungen dazu in der Klasse aus.

d) Informiert euch genauer, was das Deutsche Aussätzigen-Hilfswerk (DAHW) für Leprakranke macht. Erstellt für eure Schule eine Infowand zum Thema „Aussatz“.

Adresse für Infomaterial:

DAHW
Deutsche Lepra- und Tuberkulosehilfe e. V.
Bundeszentrale Würzburg
Mariannhillstr. 1 c
97074 Würzburg
info@dahw.de
www.dahw.de

Menschen mit Aussatz

Vielleicht gibt es Menschen in deiner Umgebung, die ein Äußeres haben, das man nicht gern anschauen mag. Vernarbte Wunden, Brandwunden, Allergien oder andere Ursachen können der Grund für ihr Aussehen sein.

a) Überlegt euch, welche Fragen ihr diesen Menschen gerne stellen würdet, und sammelt sie.

b) Stellt anschließend einen Fragebogen zusammen und führt eure Interviews. Denkt aber daran, behutsam zu fragen.

Fragebogen:

Auch wenn man keine Hautkrankheit hat, stören Menschen doch bestimmte Dinge in ihrem Gesicht oder an ihrem Körper, z. B. kann das eine schiefe Nase oder abstehende Ohren sein. Sie fühlen sich dann unwohl und wollen sich verändern. Kannst du diese Menschen verstehen?

c) Diskutiert eure Meinungen in der Klasse.

Der Seewandel *(nach Mt 14,22–33)*

Überall auf der Welt gibt es Angst, bei jedem Menschen.
Diese Geschichte handelt von jemandem, der auf einmal das Vertrauen verliert.

Es ist schon spät am Abend. Jesus und die Jünger sind mal wieder am See Genezareth und haben den ganzen Tag die frohe Botschaft vom Reich Gottes verkündet. Nun sind sie müde und wollen ans andere Ufer des Sees fahren. „Fahrt ihr schon einmal vor“, fordert Jesus die Jünger auf. „Ich bleibe noch ein bisschen hier und werde beten. Ich muss auch mal für mich allein sein.“ So steigen also die Jünger in das Boot und segeln auf dem ruhigen See dahin. Als sie ungefähr in der Mitte des Sees sind, frischt der Wind etwas auf und bläst ihnen nun von vorn entgegen. „Legt euch in die Riemen“, ruft Jakobus. „Sonst kommen wir gar nicht mehr vorwärts!“ Sie rudern so stark sie können, doch sie kommen kein Stück vorwärts und das Boot schaukelt immer heftiger hin und her. „Was sollen wir nur machen?“, wimmert Philippus verzweifelt. „Wir werden hier noch sterben, wenn uns niemand hilft.“

Die Jünger haben Angst auf dem Boot. Kommt euch diese Situation bekannt vor? Wie geht es euch, wenn ihr auf einem Boot seid?

Jesus hat die Jünger in ihrem Boot von seinem Berg aus gesehen und will ihnen zu Hilfe eilen. Und da geschieht es: Jesus kommt zu ihnen, mitten in der Nacht über die Wellen der Angst. Die Jünger fürchten sich immer noch und rudern um ihr Leben, aber nichts passiert. Plötzlich sehen sie eine Gestalt über das Wasser kommen, hell und unwirklich. „Was ist das?“, rufen sie. „Das ist sicher ein böser Geist!“ Sie schreien wild durcheinander und fürchten sich noch mehr. Einigen stockt beinahe der Atem, so unheimlich ist ihnen diese Begegnung. Die Jünger erkennen nicht, wer ihnen da über das Wasser entgegenkommt. Erst als Jesus sich ihnen mithilfe seiner Stimme zu erkennen gibt, werden sie etwas ruhiger. „Ich bin es doch. Habt keine Angst! Ich bin bei euch und trage euch.“
Da ruft Petrus, der zuerst seinen Mut wiedergefunden hat: „Herr, wenn du es wirklich bist, lass mich über den See zu dir kommen.“ „Komm! Geh einfach los, du schaffst das schon!“, sagt Jesus. Und Petrus, mutig und im Vertrauen auf Jesus, verlässt das Boot und geht auf dem Wasser Jesus entgegen. Auf einmal wird ihm aber bewusst, was er da eigentlich macht, er schaut Jesus nicht mehr an und sieht nur noch die riesigen, dunklen und mächtigen Wellen.

Sicher wart ihr schon im Schwimmbad, konntet noch nicht so gut schwimmen und solltet zu eurem Vater oder eurer Mutter gelangen. Erzählt, wie das war. Habt ihr euch getraut oder vielleicht auf halbem Weg Angst bekommen?

Er droht unterzugehen, so groß ist seine Angst. Petrus schreit voller Verzweiflung: „Herr, rette mich! Steh mir doch bei! Lass mich nicht untergehen!“ Vom Boot aus beobachten die Jünger, wie sich Jesus und Petrus gegenüberstehen. Jesus streckt sofort seine Hand aus und ergreift Petrus, er lässt ihn nicht untergehen. Jesus sagt nur zu ihm: „Petrus, hast du nicht genug Vertrauen? Warum nur hast du gezweifelt? Ich bin doch bei dir, jeden Tag, und kann dich über alle Ängste tragen. Du kannst mit deinen Ängsten leben, wenn du genug Vertrauen hast, genug Glauben!“
Jetzt spürt Petrus: Auf Jesus kann ich mich immer verlassen, ich brauche keine Angst zu haben. Jesus und Petrus steigen gemeinsam ins Boot zu den Jüngern und segeln zum anderen Ufer.

Lehrerinformation

Diese Erzählung ist von Mk, Mt und Joh überliefert. Sie erinnert an die Seesturmstillung und spielt ebenfalls auf dem See Genezareth. Nachdem Jesus das Volk und die Jünger weggeschickt hat, betet er auf einem Berg zu Gott; seine Nähe zu Gott im Gebet ist die Quelle seiner Vollmacht. Währenddessen geraten die Jünger in Schwierigkeiten, denn starke Gegenwinde hindern sie am Fortkommen. In dieser lebensbedrohenden Situation kann Hilfe nur von Gott kommen und nicht von Menschen. Aufgrund seiner göttlichen Allwissenheit steht Jesus den Jüngern bei und eilt zu ihnen über den See. Erst als er mit ihnen spricht, verlieren sie langsam ihr Entsetzen, fassen neuen Mut und erlangen Vertrauen. Petrus will Jesus sogar entgegengehen, doch auf einmal hat er wieder Angst in den Abgrund zu geraten und zu versinken. Dieser Einschub von Matthäus erinnert an alttestamentliche Psalmen, in denen die Beter ihre Ängste und Verzweiflung in Bildern zum Ausdruck bringen (z. B. Ps 18,22 oder 69). Auch wird das Boot mit den Jüngern mit der Kirche verglichen, die ebenfalls Sturm und Wellen überwinden muss im Glauben und Vertrauen auf Jesus.

Weitere Ideen:

Zum Einstieg eignet sich beispielsweise das Zeigen eines Rettungsrings. (Wo habt ihr den schon gesehen? Wozu wird er verwendet und wann?)

- Gestaltung eines Hörspiels/Rollenspiels
- Verklanglichung der Textvorlage (einer liest vor, weitere Schüler verwenden entsprechende Instrumente)
- nur mit Farben und Formen die Stimmung verdeutlichen
- betrachten von Kunstwerken, wie z. B. Sigmunda May (Jesus rettet den sinkenden Petrus, in: Was die Bibel Wunder nennt. Alfons Weiser. Verlag Kath. Bibelwerk GmbH, Stuttgart 1975)
- „Herr hilf, ich ertrinke“ von Roland Peter Litzenburger, Tinte und Tusche 1952
- gestalten eines eigenen Bildes und Vergleich mit bestehenden Kunstwerken

Lieder:

„111 Kinderlieder“: Der Sturm auf dem Meer
„Singt dem Herrn“: Suchen und fragen
Kleines Senfkorn Hoffnung

Auch ich habe Angst

Petrus geht zunächst mutig auf Jesus zu. Er ist viel zu aufgeregt und verwundert, um Angst zu haben. Erst als er das brausende Wasser wahrnimmt, beginnt er unterzugehen.

a) Wann hattest du einmal Angst und konntest aus eigener Kraft nicht aus dieser Notlage herauskommen?

b) Erzähle Petrus in einem Brief davon.

Lieber Petrus,

___

___

___

___

___

___

___

___

___

___

___

Angst hat zwei Seiten

Angst wird als schlimme Sache gesehen. Doch manchmal ist es auch gut, Angst zu haben.

Angst ist nützlich.	**Angst ist schädlich.**
Angst warnt vor Gefahren.	Angst lähmt unsere Arbeit.

a) Ergänze die Tabelle und suche Beispiele dafür.

b) Es kann auch sein, dass man anderen absichtlich Angst einjagt. Wie denkst du darüber?

c) Statt anderen Angst zu machen, sollte man versuchen, ihnen Mut zu machen.
Welche Ideen fallen dir dazu ein? Sammle mit einem Partner Vorschläge.

Der Seewandel in der Streichholzschachtel

Male die Bilder an und schneide anschließend die Streifen aus. Klebe sie so aneinander, dass sie eine fortlaufende Geschichte ergeben. Das letzte Bild der Geschichte klebst du in einer Streichholzschachtel fest. Dann knickst du den Rest wie eine Ziehharmonika, bis die Geschichte in der Schachtel verschwunden ist. Zuletzt kannst du noch deine Schachtel von außen gestalten.

1 	Jesus betet auf einem Berg und sieht die Jünger.	2 	Die Jünger sind auf dem See in ihrem Boot.	
3 	Jesus kommt zu ihnen, um sie von der Angst zu befreien.	4 	Petrus steigt aus dem Boot und geht ihm entgegen.	
5 	Petrus sieht die Wellen und droht zu ertrinken.	6 	Jesus reicht ihm die Hand. Auf Jesus kann man immer vertrauen.	

Auf dem See

Stell dir vor, du wärst ein Jünger Jesu. Du hast beobachtet, wie Jesus über den See kommt und Petrus ihm entgegengeht.

a) Was hast du gesehen, gehört, gefühlt und gedacht?

b) Vergleicht eure Antworten. Sind sie ähnlich oder gibt es Unterschiede?

Vertrauen = Glauben

Petrus zeigt uns, wie wir oft selber sind: ängstlich und ohne Vertrauen. Wenn wir aber Vertrauen schenken, können wir leichter mit der Angst leben.
Wer einen Freund hat, mit dem er sprechen kann, der wird seine Angst leichter ertragen als jemand, der niemandem sein Vertrauen schenkt.
Für das Wort Vertrauen kann man auch Glauben sagen. Wer an Jesus glaubt, vertraut darauf, dass er ihm in den Stürmen des Lebens helfen wird, so wie Petrus.

a) Überlege dir ein Akrostichon zu dem Wort Glauben bzw. Vertrauen.
Das Wort „Akrostichon" kommt aus dem Griechischen und bezeichnet eine Gedichtform. „Akros" bedeutet „Spitze" und „Stichos" heißt „Vers". Bei einem Akrostichon werden die Anfangsbuchstaben eines Wortes untereinandergeschrieben. Daneben schreibst du einen Satz bzw. Vers.

G ______________________

L ______________________

A ______________________

U ______________________

B ______________________

E ______________________

N ______________________

V ______________________

E ______________________

R ______________________

T ______________________

R ______________________

A ______________________

U ______________________

E ______________________

N ______________________

Beispiel für ein Akrostichon zu dem Wort „Angst"

Angst lähmt mich manchmal.
Natürlich kann sie auch vor etwas warnen.
Gut ist, wenn ich mit jemandem darüber reden kann.
Sie steckt oft tief drin in mir.
Trotzdem kann ich mich daraus befreien.

Die Heilung eines Taubstummen *(nach Mk 7,31–37)*

In dieser Geschichte geht es um einen Taubstummen.

Seid ihr schon mal einem solchen Menschen begegnet? Wie verständigen sie sich und wo haben sie ihre Schwierigkeiten?

Dieser taubstumme Mann hört seit seiner Geburt keinen einzigen Ton, kein Wort und keine Musik. Um ihn herum ist nur Stille. Er sieht zwar, was die anderen Menschen um ihn herum machen, aber was sie sagen, versteht er nicht.
Trotzdem kann er auf seine Art und Weise hören. Er hört mit den Augen, indem er versucht, Wörter vom Mund abzulesen. Aber um Wörter abzulesen, muss man sie kennen und deshalb sind die wenigen Worte, die er zu sprechen versucht, nur unverständliches Gestammel.

Manchmal haben Menschen, obwohl sie hören können, einen Sprachfehler. Das heißt, sie stottern beispielsweise oder lispeln. Kennt ihr Menschen mit solchen Problemen?

Jesus kommt gerade von Galiläa in das Gebiet der Dekapolis, hier gibt es keinen See oder gar ein Meer, auf dem Schiffe fahren. Nein, hier ist nur steiniges Land und Felsen. Die Jünger sagen: „Man kann ja gar nicht richtig in die Ferne blicken. Hier ist nur ein bisschen Wald zu sehen und eine Wiese dazwischen und darauf ein paar Punkte." „Vielleicht sind das Schafe", meint Johannes. Doch als sie näher an die hüpfenden Punkte kommen, stellen sie fest, dass es Menschen sind, die ganz aufgeregt miteinander reden. Einige Menschen rufen: „Jesus ist da! Sicher kann er dem Mann helfen, man hört ja so einiges von ihm." Andere sagen: „Das glauben wir nicht, dass er dem da helfen kann. Dem bestimmt nicht." Sie zeigen auf einen Mann, der nicht redet wie die anderen und gar nicht weiß, was überhaupt los ist.
Aber ein paar Menschen nehmen ihn mit zu Jesus, denn sie glauben daran: Jesus braucht nur seine Hand auf den Mann zu legen, dann ist er wieder ganz gesund. Nun ist die Menschenmenge bei Jesus angelangt und umringt ihn. Natürlich haben sie auch den Taubstummen mitgebracht. Einer aus der Menge bittet Jesus: „Bitte, lege diesem kranken Mann deine Hand auf, denn er kann weder hören noch richtig reden."
Jesus ist bewegt von ihrer Bitte und betrachtet den Taubstummen, der immer noch nicht weiß, was hier passiert. Er merkt aber, dass dieser Mann, der vor ihm steht, ein besonderer Mensch sein muss, und vertraut auf das, was da kommen mag.
„Komm etwas weiter weg von der Menschenmenge", sagt Jesus und zieht den taubstummen Mann zur Seite. Der Taubstumme ist sehr froh darüber, dass er wegkommt von den vielen, die ständig auf ihn zeigen und ihn so merkwürdig ansehen. Doch was ist das? Er spürt, wie Jesus seine Ohren berührt, nach seinem Mund tastet und betet. „Soll das die Hilfe Gottes sein, soll auch ich wieder hören und sprechen dürfen wie die anderen?", geht es ihm durch den Kopf. Manchmal ist es ihm so gewesen, als hätten seine Freunde von der Hilfe Gottes gesprochen, gehört hat er das natürlich nicht, aber er hat es von ihren Lippen abgelesen. Jetzt ist sich der Taubstumme ganz sicher: Die Hilfe ist ganz nah, sie kommt durch diesen Menschen, der vor ihm steht. Jesus sieht, was den Kranken so bewegt, und er betet zu Gott und sagt: „Lieber Vater, du hast den Menschen Ohren zum Hören und den Mund zum Reden gegeben. Gib mir die Kraft und hilf mir dabei, dass ich diesem armen Mann helfen kann, wieder hören und sprechen zu können." Jesus sieht nun dem Mann direkt ins Gesicht und sagt: „Effata! Öffne dich."

Vielleicht war euer Gehörgang schon einmal verstopft und ihr konntet nicht mehr richtig hören. Nach einem Arztbesuch, bei dem euer Ohr freigespült wurde, hat sich einiges verändert. Wie war euch da zumute?

Und alles öffnet sich, zunächst die Ohren und dann löst sich auch die Zunge. Er kann wieder hören und richtig reden, darüber freut er sich so sehr. Er ist glücklich, seine Umwelt wieder ganz aufnehmen zu können, und er redet und redet wie ein Wasserfall, voller Glück. „Endlich kann ich nach so langer Zeit wieder richtig reden und die anderen Menschen hören", freut er sich. Die Menschenmenge aber redet nun nicht mehr über den Kranken, sondern nur noch über Jesus und seine wunderbare Tat. Ihnen jedoch verbietet Jesus: „Sagt keinem weiter, was hier passiert ist."

Doch dieses Erlebnis ist so wunderbar, dass die Menschen es überall erzählen müssen: „Jesus ist wunderbar. ER macht alles gut. Taube können hören und Stumme können reden."

Lehrerinformation

Die Erzählung von der Heilung des Taubstummen spielt östlich des Sees Genezareth, im griechisch-syrischen Raum der Dekapolis (Zehn-Städte). Das gebirgige Land lag nicht mehr im Bereich Israels, weder geografisch noch religiös. Jesus kam gerade von Tyrus und Sidon und begab sich nun auf heidnisches Gebiet.
Der Taubstumme selbst bittet nicht um Heilung, sondern umstehende Menschen bringen ihn zu Jesus. Jesus nimmt den Kranken beiseite, weg von der Öffentlichkeit, da es ihm nur um die Heilung des Mannes geht. Er selbst möchte sich durch seine wunderbaren Taten nicht in den Vordergrund schieben. Nachdem Jesus die Ohren und den Mund des Mannes berührt sowie gebetet hat, ist die Heilung vollzogen.

Weitere Ideen:

Zur Einstimmung könnten sich einige Schüler die Ohren zuhalten, während ein anderer Schüler irgendeinen Satz sagt. Im Gespräch können dann die Schüler beschreiben, wie sie sich dabei gefühlt haben, nichts zu hören und zu verstehen.

- Überlegungen anstellen zu: still sein müssen, nicht reden dürfen → wann und wo fällt das schwer?
- nicht hören oder mithören dürfen → wann und wo fällt das schwer?
- Wie kann man sich verständigen/Gefühle ausdrücken, wenn man taubstumm ist?
- Gehörsensibilisierung (Jeweils zwei Filmdöschen werden mit gleichem Material gefüllt. Beim Schütteln muss herausgefunden werden, welche Dosen ein Paar bilden. Zur Kontrolle kann ein Symbol unter die Döschen geklebt werden.)
- eine CD mit diversen Geräuschen aufnehmen und abspielen (Wer erkennt die meisten Geräusche? → evtl. auch als Gruppenwettstreit)
- Kontakt mit Betroffenen aufnehmen (Gehörlosenschule, Gebärdendolmetscher, Kinder mit Hörproblemen, Kinder mit Hörgeräten)
- Aufbau und Funktionsweise des Ohres besprechen (Gründe für Taubheit bzw. Schwerhörigkeit herausfinden)
- Zungenbrecher möglichst schnell sprechen (erkennen/unterscheiden von Worten und Lauten)
- die Geschichte als Rollenspiel nur mit Mimik und Gestik nachspielen
- für eine Minute ruhig sein und darauf hören, was an das Ohr dringt
- Geräusche sammeln, die sich schön oder schlecht anhören.
- ohne Worte eine Botschaft (Satz) übermitteln: man kann den Mund lautlos bewegen

Verständigen ohne Worte

Um sich verständlich zu machen, ist das Gehör wichtig. Man muss hören können, um die Sprache zu erlernen, um zu erfahren, wie Dinge heißen, wie bestimmte Laute klingen und ausgesprochen werden. Heute lernen Gehörlose die Bedeutung von Wörtern zu erfassen, indem sie die Wörter von den Lippen ablesen, später sogar ganze Sätze. Sprechen kann ein Gehörloser auch lernen, aber das dauert viele Jahre. Außenstehenden Menschen erscheint dies wie ein Wunder.

Viele Gehörlose unterhalten sich auch in der Gebärdensprache oder benutzen das Fingeralphabet. Übersetze doch einmal den folgenden Satz.

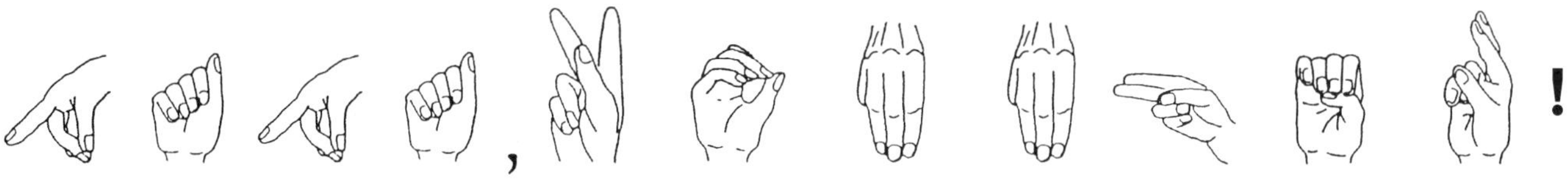

Versuche nun, mit einem Partner ein kurzes Gespräch zu führen.
Wie ist das für euch bzw. die Umstehenden?

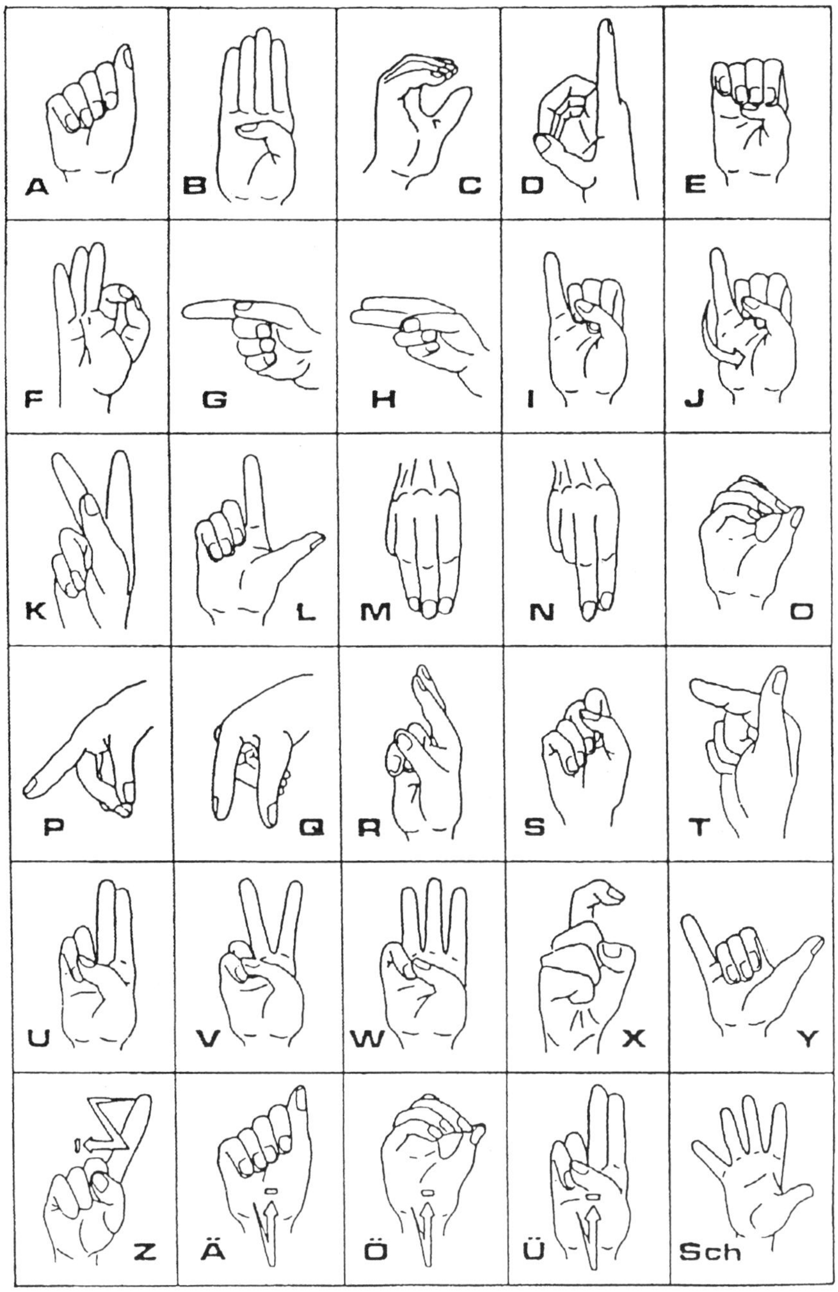

Auf unterschiedliche Weise taub und stumm sein

Frau Schmidt ermahnt ihren Sohn Peter: „Bring doch bitte den Müll herunter." Doch Peter hört sie nicht.

Klara hört laut Musik. „Mach doch bitte die Musik leiser!", ruft ihr Vater. Aber die Lautstärke bleibt.

Vor lauter Freude über das schöne Geschenk kann Benjamin nichts sagen.

Silke bekommt einen Brief. Als sie ihn durchgelesen hat, ist sie sehr wütend und reicht ihn mir stumm weiter.

a) Lies die kurzen Geschichten durch. Kommen dir manche Situationen bekannt vor?

b) Finde eigene Beispiele, in denen du taub oder stumm bist.

Ich bin manchmal taub ____

Ich bin manchmal stumm ____

Lückentext nach Mk 7,31–37

a) Male ein Bild zu der Geschichte „Die Heilung eines Taubstummen". Du kannst dir dazu auch noch einmal die Geschichte durchlesen.

b) Versuche anschließend, mit einem Partner den Lückentext auszufüllen. Dieser Lückentext ist der Bibel entnommen und klingt daher vielleicht etwas fremd und ungewohnt für dich. Überlege, was deiner Meinung nach am besten in die Lücken passt.

c) Vergleicht nachher eure Texte in der Klasse und begründet, warum ihr dieses oder jenes eingesetzt habt.

Und Jesus kam wieder zum See Genezareth mitten in das Gebiet der Dekapolis.

Und sie brachten einen ______________________________ (1) und baten Jesus, ihm die Hand aufzulegen und ihn zu heilen.

Und Jesus ____

____ (2). Er steckte ihm die Finger in die Ohren und berührte seine Zunge.

Jesus blickte auf zum Himmel und sprach: „Effata!", das bedeutet __________________

____ (3).

Und es öffnete sich ____ (4) und er konnte wieder richtige Sätze reden.

Jesus beschwor sie, niemandem davon zu erzählen. Aber je mehr er es ihnen verbot, umso eifriger erzählten sie es überall herum.

Die Menschen waren ganz außer sich und sagten: „ ____________________________________

____

____"(5)

Möglichkeiten zum Ausfüllen der Lücken:

1. Verzweifelten/Ausgestoßenen/Tauben und Stammelnden
2. nahm ihn beiseite, weg von der Menschenmenge/nahm ihn in seine Arme/führte ihn vor die versammelten Menschen
3. Öffne dich!/Sei wieder gesund!/Du bist wieder in unserer Mitte!
4. sein verstocktes Herz/sein Gehör und seine gefesselte Zunge/der Kreis der Zuschauer
5. Den Verzweifelten und Einsamen schenkt er neue Hoffnung./Die Tauben lässt er wieder hören und die Sprachlosen reden./Die Ausgestoßenen bringt er wieder in die Gesellschaft zurück.

Jesus hat mich geöffnet …

Lange Zeit war ich taub und konnte nicht reden. Jesus hat mich geöffnet, mich von meiner Fessel befreit.

a) Schreibe ein Dankgebet in Ich-Form. Versuche, dich dabei in die Situation des Taubstummen nach seiner „Öffnung" hineinzuversetzen.

b) Schreibe ein Elfchen* über „Die Heilung eines Taubstummen".

c) Kannst auch du andere „öffnen" oder „befreien"? Sammelt Beispiele in einer 3er- oder 4er-Gruppe. Stellt eure Einfälle in der Klasse vor und redet darüber.

Vielleicht helfen euch diese Tipps:

jemandem die Augen öffnen =

- jemandem die Wahrheit über etwas oder jemanden sagen
- jemandem den Blick für die Schönheiten der Natur öffnen
- jemanden aus einer unangenehmen oder schwierigen Lage befreien
- jemanden von einer Arbeit befreien
- sein Gewissen von Vorwürfen befreien

d) Wurdest du selbst schon von anderen „befreit" oder „geöffnet"?

* Falls du nicht weißt, was ein Elfchen ist, frage deinen Lehrer oder forsche im Internet.

Die Heilung einer Frau mit gekrümmtem Rücken
(nach Lk 13,10–17)

Dies ist die Geschichte von einer Frau, die von ihren Lasten niedergedrückt wird und deren Rücken daher schon ganz krumm geworden ist.

Bestimmt habt ihr schon beobachtet, wie alte Menschen gehen. Warum gehen sie wohl so?

Jesus geht am Sabbat, wie andere Juden auch, in eine Synagoge, um den Gottesdienst zu besuchen, und auch, um zu den Menschen dort zu sprechen und sie zu lehren. Als er die Synagoge betritt, sieht er eine alte Frau, die sich wegen eines Rückenleidens, das sie schon seit 18 Jahren hat, nicht mehr aufrichten kann.
Tief gebückt, von den Lasten des Alltags niedergedrückt, sitzt sie da. Sie fühlt sich unglücklich und allein. Jesus schaut in ihre Richtung und sagt laut: „Komm her, alte Frau, ich will dir helfen, dich gesund machen und dir deine schwere Last vom Rücken nehmen." Die Frau sieht sich um, ob auch wirklich sie gemeint ist, und geht zögerlich auf Jesus zu. Dann erzählt sie: „Schon seit 18 Jahren habe ich einen krummen Rücken, habe Schmerzen beim Gehen und bei den täglichen Hausarbeiten. Manchmal ist es richtig unerträglich, wenn man in so gebückter Haltung gehen muss. Ich weiß schon gar nicht mehr, wie das ist, aufrecht und frei gehen zu können." Jesus hat Mitleid mit der Frau und beschließt, ihr zu helfen, obwohl Sabbat ist, denn jeder weitere Tag verschlimmert nur ihr Leiden. Auch wenn man laut Gesetz am Sabbat nicht heilen darf, Jesus tut es trotzdem, denn die alte Frau braucht jetzt seine Hilfe. Er legt seine Hand auf sie und sagt: „Ich nehme dir deine Last weg. Du bist wieder gesund."

Manchmal habt ihr sicherlich einen schweren Ranzen zur Schule zu tragen, mit all den Büchern und Heften. Dann seid ihr bestimmt froh, den Ranzen abstellen zu können – oder?

Im gleichen Augenblick kann sich die Frau nach so langer Zeit zum ersten Mal wieder aufrichten. Dankbar schaut sie Jesus an und fühlt sich leicht wie eine Feder.
Die Frau ist überglücklich. All das Schwere ist vorbei und die Zeit der Schmerzen liegt hinter ihr. Sie strahlt und ruft froh aus: „Danke, Gott. Danke, dass du mir geholfen hast!" Dabei schaut sie tief bewegt auf Jesus, und sie spürt: Dieser Jesus kommt von Gott.

Der Synagogenvorsteher aber hat beobachtet, wie Jesus die Frau heilt, und das gefällt ihm überhaupt nicht. So spricht er die anderen Synagogenbesucher an: „Hat uns nicht Gott sechs Tage zum Arbeiten gegeben, damit wir am siebten Tag ausruhen sollen? Kommt also an den Werktagen und lasst euch heilen, nicht aber an einem Sabbat!" Jesus erwidert ärgerlich: „Bindet ihr eure Tiere, zum Beispiel euren Esel oder Ochsen, nicht auch am Sabbat los, um ihn zur Tränke zu führen? Verdursten sie etwa an so einem Tag? Diese Frau leidet schon seit 18 Jahren unter ihrem gekrümmten Rücken. Warum soll es also nicht richtig sein, wenn ich sie auch an einem Sabbat von ihren Schmerzen befreie?"
Darauf weiß der Synagogenvorsteher nichts zu antworten und schweigt. Auch die anderen Menschen, die Jesus nicht mögen, werden unsicher und sagen keinen Ton mehr, denn sie zweifeln jetzt, ob die Regel, an einem Sabbat keine Kranken heilen zu dürfen, wirklich richtig ist.
Viele Menschen freuen sich aber über die Heilung der Frau, die so lange unter ihrer Last gelitten hatte.

Lehrerinformation

Jesus heilt in einer Synagoge am Sabbat, dem jüdischen „Sonntag“, eine seit 18 Jahren an gekrümmtem Rücken leidende Frau. Die Geschichte besteht aus zwei Teilen: zum einen aus der Heilung der Frau und zum anderen aus einem Streitgespräch zwischen Jesus und dem Synagogenvorsteher. Das Problem der Heilung am Sabbat sollte in einem Unterrichtsgespräch erarbeitet werden. Der Sabbat war zum Beten da. Es war genau festgelegt, was nicht getan werden durfte (keine schweren Arbeiten, kein Essen vorbereiten, kein Feuer anzünden ...). Wer den Sabbat nicht hielt, war kein frommer Jude, und genau an diesem Tag heilt Jesus Kranke. Indem der Synagogenvorsteher die Gottesdienstbesucher zur Einhaltung der Sabbatregeln aufruft, hofft er, Jesu Tun einen Riegel vorzuschieben. (Vgl. auch die folgende Wundergeschichte von der Heilung eines Mannes am Sabbat)

Weitere Ideen:

Zur Einführung könnte ein Schüler wie ein alter Mann oder eine alte Frau gehen. Die Kinder sollen ihre Beobachtungen zur Gangart schildern (→ gebeugter Rücken).

- Gründe für den gebeugten Rücken überlegen

Hinführung zum Verständnis des Phänomens „Lasten tragen“

- selbst so gehen wie die Frau bzw. ihre Haltung nachstellen
- die Gefühle beschreiben, wenn man ständig so gehen muss
- Cluster zum Begriff „Last“ (tragen, schleppen, einstecken, aushalten, unerträglich, ertragen, unterstützt, Lasten teilen, Lasten abnehmen ...)

Redensarten „Last“

- jemandem eine Last abnehmen
- unter einer Last zusammenbrechen
- sich eine Last von der Seele reden
- eine Last auf jemanden abwälzen
- mir fiel eine Last von der Seele, als ich das hörte
- der Kranke ist sicher, dass er anderen eine Last ist
- jemandem lästig werden
- jemandem zur Last fallen
- jemandem etwas zur Last legen

Lasten drücken Menschen nieder

Jeder hat irgendwelche Lasten zu tragen: die Sorgen um liebe Menschen, eine schwere Krankheit, keine Arbeit zu finden, allein zu sein usw.

Lasten können leichter oder sehr schwer sein. Manche brechen vielleicht auch unter so einer Last zusammen.
Deshalb braucht man Menschen, die einem zuhören, sodass man von seiner Last erzählen kann. Man teilt dann diese Last mit diesem Menschen.

Lasten, die *ich* zu tragen habe **Lasten, die man *anderen* auferlegen kann**

a) Schreibe in den Sack, welche Lasten du zu tragen hast.

b) Schreibe in den Sack des Mannes, welche Lasten du anderen Menschen auferlegen kannst.

Ein Blick zurück

a) Schreibe oder zeichne in das Tor, was die Frau vor ihrer Heilung erlebt hat.

b) Warum hat sie wohl einen krummen Rücken bekommen?

c) Wie sah ihr Alltag aus? Was konnte sie vielleicht überhaupt nicht tun?
Welche Lasten hatte sie zu tragen?
Denke an die verschiedenen Bedeutungen von Last.

Einen Dankpsalm schreiben

Nach der Heilung ist die Frau so glücklich, dass sie Gott dankt.

a) Schreibe einen Psalm in Ich-Form, in dem deutlich wird, wie froh sie ist, ihre Last endlich los zu sein.
Gehe so vor:
Schildere zunächst das Leiden der Frau und anschließend die Wende des Leidens durch Jesus. „Du aber …"
Zuletzt gibst du den Dank/das Lob Gottes wieder: „Ich danke dir, …"

Die gekrümmte Frau künstlerisch umgesetzt

Die Haltung der Frau vor der Heilung ist niedergedrückt, tief gebeugt und schmerzhaft.

a) Suche dir einen Partner und versuche, die Haltung der Frau in einem Standbild nachzustellen.
Haltet eure Standbilder gegenseitig in einer Skizze fest.
Hier kannst du deine Skizze aufzeichnen.

b) Nimm nun ein Stück Ton und versuche, es so zu formen, dass die Haltung der Frau sichtbar wird.

(Man kann auch Knete oder Yton-Steine nehmen, wobei man letztere aber vorher wässern sollte.)

Vergleich von Feiertag und Werktag

	Sabbat	Werktag
Verhalten der Menschen		
Situation auf den Straßen, in den Dörfern		

Was stellst du fest? Wodurch unterscheiden sich Sabbat und Werktag?

Der Sabbat (unser Samstag) ist bis heute geblieben. Welche Berufsgruppen müssen heute dennoch arbeiten?

Die Heilung eines Mannes am Sabbat *(nach Mk 3,1–6)*

Es ist Sabbat in Kafarnaum, auf den Straßen ist alles ruhig und es sind keine Menschen zu sehen. Am Sabbat sollen die Menschen ruhen und dabei besonders an Gott denken. Deshalb sind die Menschen in der Synagoge im Gottesdienst.
Weil dies nach dem Gesetz der Juden ein strenger Ruhetag ist, ist vieles verboten. Man darf nicht arbeiten, das heißt es darf auch keine warme Nahrung zubereitet werden. Es ist auch nicht erlaubt, Menschen zu heilen, außer, wenn ihr Leben unmittelbar durch eine Krankheit bedroht ist.
In der Synagoge sind einige Pharisäer, die Jesus nicht mögen, nicht so richtig bei der Sache. Sie hören nicht genau auf das Wort Gottes. Plötzlich kommt Jesus in die Synagoge und die Pharisäer beobachten genau, was er tut.
In der Synagoge ist auch ein Mann mit einer gelähmten Hand. Die Hand fühlt sich taub an, fast so, als wäre sie gar nicht da. Schon seit langer Zeit muss er daher versuchen, alles mit nur einer Hand auszuführen. Das ist im Alltag oft mühsam und beschwerlich, sodass er auf die Hilfe anderer Menschen angewiesen ist.

Vielleicht habt ihr euch schon mal einen Arm gebrochen oder die Hand verstaucht. Wie war das für euch? Gab es Probleme, den Schulalltag zu bewältigen?

Die Pharisäer sind neugierig, was Jesus nun tun wird: Entdeckt er den Mann mit der gelähmten Hand? Darauf warten sie nur, denn sie suchen schon lange nach einem Grund, um Jesus anzuklagen.
Jesus sieht den Mann und fordert ihn freundlich auf: „Stell dich in die Mitte der Synagoge." Dann schaut er die anderen an, denn er weiß genau, was sie vorhaben, und sagt: „Darf man am Sabbat Gutes tun oder Böses tun? Ist es erlaubt, Leben zu retten oder es auszulöschen?" Jesus ist der Meinung, dass die Gesundheit eines Menschen viel wichtiger ist als die Einhaltung der Sabbatgebote.

Keiner der Pharisäer hat so eine Frage erwartet und so gibt niemand eine Antwort. „Jesus hat ja recht, Böses darf man nicht am Feiertag tun, aber das können wir doch nicht zugeben", denken sie.

Wir haben den Sonntag. Auch bei uns ist das ein Ruhetag, aber dennoch arbeiten einige Menschen. Welche und warum?

Jesus schaut sie wieder an, aber es kommt noch immer keine Antwort. Da sagt er zu ihnen: „Wenn ein Schaf von euch ausgerechnet an einem Sabbat in einen Brunnen fallen würde, würdet ihr es dann nicht herausholen? Ein Mensch ist aber mehr wert als ein Schaf, oder?"
Wieder geben sie keine Antwort, und Jesus sagt zu dem Mann: „Streck deine Hand aus!" Er streckt sie aus und die Hand wird wieder gesund. Der Mann spürt wieder Leben in der ehemals steifen Hand. Er kann sie wieder bewegen, so wie früher.
Der Mann freut sich sehr, dass Jesus ihm geholfen hat. So kann er wieder viele Arbeiten allein ausführen und auch seinen Freunden helfen.
Die Pharisäer aber sind sehr wütend auf Jesus und verlassen die Synagoge, um zu überlegen, wie sie Jesus aus dem Weg räumen können. Jesus hat vor ihren Augen wieder ein Gesetz gebrochen, welches ihnen sehr wichtig ist.

Lehrerinformation

Genau wie die Heilung der gekrümmten Frau spielt diese Geschichte ebenfalls in einer Synagoge am Sabbat. Zunächst müsste geklärt werden, warum es so einen Disput um die Heilung am Sabbat gibt (siehe „Heilung einer Frau mit gekrümmtem Rücken“). Hier wird ein Mann mit einer gelähmten Hand zum Konfliktfall für Jesus und die Pharisäer. Durch seine Heilungstat provoziert Jesus die Pharisäer, denn sie achten genau auf ihn, geben ihm keine Antwort auf seine Frage und gehen aus der Synagoge mit dem Vorsatz, ihn zu töten.

Jesus will mit seiner Tat demonstrativ verdeutlichen, dass am Sabbat Gutes zu tun bzw. Leben zu retten vor den Sabbatbestimmungen steht. Die Liebe Gottes steht uneingeschränkt an erster Stelle.

Weitere Ideen:

Zur Einstimmung könnte die Abbildung eines Kindes mit einem gebrochenen Arm gezeigt werden (Gespräch darüber, was man dann alles nicht mehr machen kann).

- versuchen, sich mit nur einer Hand eine Jacke anzuziehen oder die Schuhe zu binden
- aus Zeitungen/Zeitschriften Hände ausschneiden und zu einer Collage aufkleben
- mit Händen etwas ertasten und erraten
- den Bibeltext pantomimisch darstellen
- darüber nachdenken, wie Hände sein können (groß, stark, zärtlich, ...)
- Schattenspiel mit Händen (Tiere erraten)

Redensarten zur Hand

- Das liegt auf der Hand!
- Gib mir die Hand darauf!
- Mir sind die Hände gebunden.
- jemanden in der Hand haben
- zwei linke Hände haben
- seine Hände in Unschuld waschen
- die Hand im Spiel haben
- Die Arbeit geht leicht von der Hand.
- jemanden an die Hand nehmen
- die Hände in den Schoß legen
- Eine Hand wäscht die andere.
- die Beine in die Hand nehmen
- Er spuckt in die Hände.

Abbildungen/Karten von Händen sammeln und besprechen

Lieder:

„Singt dem Herrn“: „Hände, die schenken“

Hand

a) Schreibe oder male in die Hand, was du alles mit deinen Händen Gutes tun kannst.

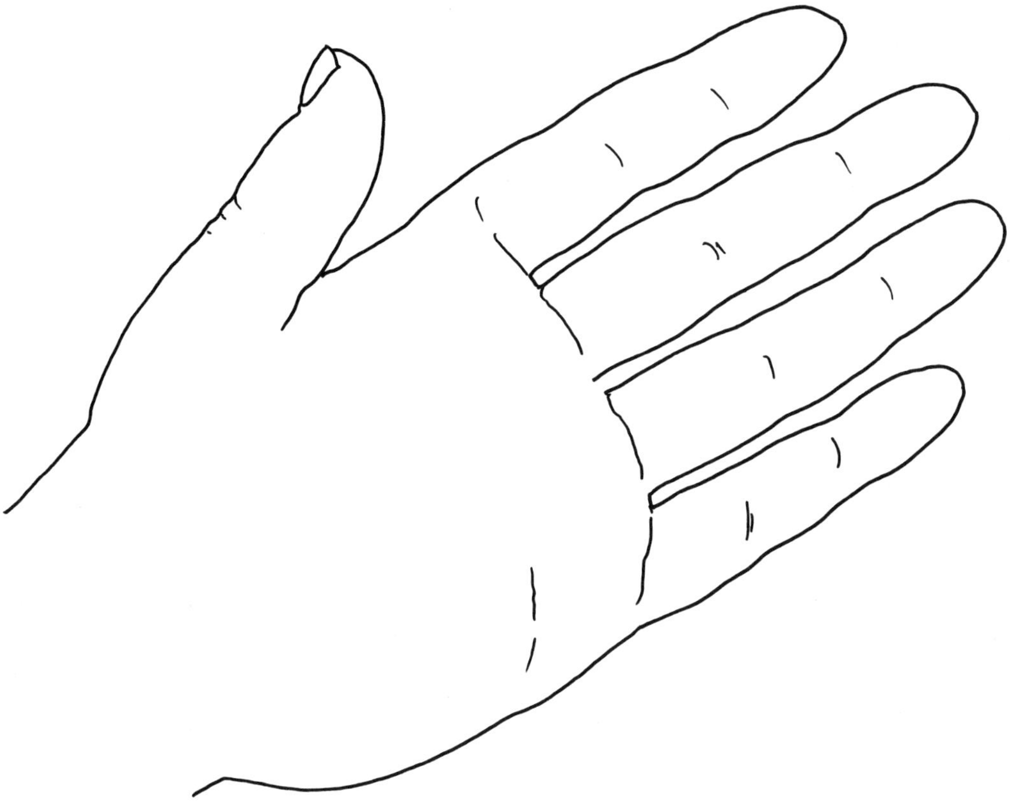

b) Schreibe in die zur Faust geballte Hand, was du alles Schlechtes tun kannst.

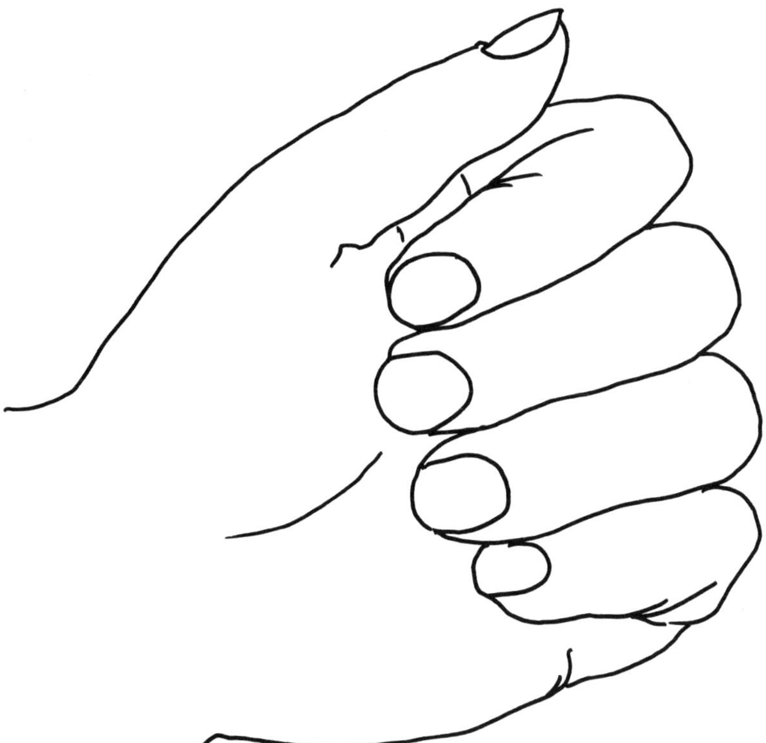

Die Heilung am Sabbat

a) Was denken die Pharisäer über Jesus?

b) Was denkt der Geheilte, als er die Hand wieder gebrauchen kann?
Welche Pläne hat er?
Was will er wieder so wie früher unternehmen, als er zwei gesunde Hände hatte?

Jesus heilt am Sabbat

In der Erzählung hast du einiges über den Sabbat erfahren.

a) Lies darüber im Wörterbuch nach.

b) Überlege, ob die folgenden Bilder zum Sabbat gehören oder nicht.

Zum Sabbat gehört nicht:

____

____

Zum Sabbat gehört:

____

____

c) Stelle in einer Tabelle zusammen, was die Pharisäer und Jesus über den Sabbat denken.

Das denkt Jesus	Das denken die Pharisäer

Jesus will, dass Menschen Gutes tun. Egal an welchem Tag und auch am Sabbat. Deswegen heilt Jesus den Mann mit der gelähmten Hand.

d) Wo hast du schon Gutes getan oder wie wurde dir schon geholfen?
Schreibe und zeichne auf einem Extrablatt.

Sabbat, der wichtigste Tag bei den Juden

Der Sabbat ist der 7. Tag der Woche (unser Samstag) und beginnt am Freitagabend, wenn die ersten drei Sterne zu sehen sind. Damit der Tag frei von allem Störenden ist, gab es schon zur Zeit Jesu sehr viele Vorschriften und Hinweise, was am Sabbat nicht ausgeführt werden durfte. Weil es aber so viele Vorschriften gab, war er für einfache Leute, die ja nicht die Regeln kannten, kein Tag der Ruhe und Erholung, sondern ein Tag der Angst. Die Menschen gerieten immer wieder in Gefahr, etwas zu tun, das vielleicht verboten war. In Markus 2, Vers 27 sagte Jesus einmal:

„Der Sabbat ist für den Menschen da und nicht der Mensch für den Sabbat."

Am Freitagabend, bevor der Sabbat beginnt, wird zunächst das Haus geputzt und der Tisch gedeckt: mit zwei Sabbatkerzen, dem Kidduschbecher für den Wein, zwei geflochtenen Sabbatbroten, der Besamim (Büchse) mit fein riechenden Gewürzen und der geflochtenen Hawdalakerze. Das Festessen ist gekocht und Frühstück sowie Mittagessen für den nächsten Tag sind ebenfalls fertig.

Nach dem Gottesdienst in der Synagoge wird zu Hause gefeiert. Die Mutter entzündet die zwei Sabbatkerzen und spricht den Segenswunsch. Dann segnet der Vater seine Kinder und spricht einen Kiddusch (Segen) über den Wein im Kidduschbecher. Alle trinken einen Schluck Wein, auch die Kinder. Nach dem Segen über den Sabbatbroten isst jeder ein Stück Brot. Anschließend gibt es das Festessen.

Am Samstag werden morgens und abends wieder Gottesdienste veranstaltet, die die Familie besucht. Ansonsten wird gespielt, gelesen, man singt oder erzählt sich Geschichten.

Wenn die Sonne untergegangen ist, wird die Hawdalakerze angezündet. Dann riechen alle den Duft der Kräuter in der Besamimdose und nehmen den Duft des Sabbats mit in die neue Woche. Zum Schluss des Sabbats wird die Hawdalakerze gelöscht und der Vater spricht den Hawdala, den Scheidungssegen über den endenden Festtag.

a) Unterstreiche wichtige Gegenstände des Sabbats im Text, schreibe sie auf die Linien und suche Bilder von ihnen im Internet.

____

____

____

b) Wie sieht dein idealer Sonntag aus? Was würdest du am liebsten machen?

____

____

____

Das todkranke Mädchen des Jairus

(nach Mk 5,21–24, 35–43)

Dies ist die Geschichte von einem Vater, der Angst hat, seine kleine Tochter zu verlieren.

Jairus ist eine wichtige Persönlichkeit in seiner Stadt Kafarnaum, denn er ist Vorsteher einer Synagoge. Im Moment aber ist er verzweifelt. Wie ein gejagtes Tier rennt er durch die Straßen von Kafarnaum, vorbei an Stein- und Lehmhäusern, immer weiter. Überall begegnet er fröhlichen Menschen, nur über sein Haus ist das Unglück gekommen: Als er vor ein paar Minuten nach Hause kam, lief ihm seine Frau weinend entgegen: „Oh Jairus, unsere Tochter ist sehr krank und keiner kann ihr helfen, auch der Arzt nicht. Ich habe solche Angst." Jairus läuft sofort los, denn seine geliebte Tochter ist ihm sehr wichtig, wichtiger als alles andere, und jetzt ist sie todkrank.

Kennt ihr die Situation, in der Jairus sich gerade befindet? Habt ihr schon einmal um jemanden getrauert?

„Das darf nicht sein", denkt er verzweifelt. „Stirbt unsere Kleine, werden sie sie holen kommen, waschen, salben und in Tücher wickeln, um sie dann draußen vor der Stadt in einer Höhle zu beerdigen. Dann ist sie für immer fort. Das darf und kann einfach nicht sein." Voller Angst rennt Jairus weiter, er muss Jesus finden. Nur er allein kann seiner Tochter noch helfen.
Jesus ist wieder in Kafarnaum angekommen. Er ist gerade im Hafen und steigt aus einem Boot aus. Wie immer, wenn er in Kafarnaum ist, spricht sich das schnell herum und die Menschen eilen zum Hafen. Viele wollen ihn etwas fragen, andere wollen geheilt werden und die meisten wollen ihn einfach nur sehen. Jairus entdeckt Jesus, schiebt sich durch die Menschenmenge, wirft sich vor ihm nieder und fleht: „Herr, komm bitte in mein Haus. Meine Tochter liegt im Sterben. Nur du allein kannst ihr helfen. Komm zu uns, bitte!"
„Ich komme", antwortet Jesus. Aber Jesus und Jairus kommen nur langsam vorwärts, denn auch andere haben Sorgen und Nöte. Viele Kranke rufen: „Jesus, mach mich auch gesund!" Die Menschen drängen weiter und wollen Jesus sehen. „Komm doch bitte. Schnell!", ruft Jairus, wahnsinnig vor Angst. Auf einmal erhält Jairus von einem Diener eine schreckliche Nachricht: „Jesus braucht nicht mehr zu kommen, denn deine Tochter ist soeben gestorben." Jairus ist fassungslos, doch Jesus sagt: „Glaube nur daran, deine Tochter wird gerettet. Es ist noch nicht zu spät, verlass dich auf mich."
Schließlich gelangt Jesus zum Haus des Jairus. Jairus kommt es wie eine Ewigkeit vor, doch er glaubt fest an das Unmögliche. Vor dem Haus stehen Menschen und weinen: „Das liebe Kind! Und die arme Mutter!" Jesus sagt zu ihnen: „Hört auf zu weinen! Was soll der Lärm? Das Kind schläft doch nur." Die Leute vor dem Haus lachen ihn aus, denn sie wissen, dass das Mädchen tot ist, und Tote stehen nicht wieder auf. Dann schickt Jesus sie alle aus dem Haus, nur die Eltern und drei seiner Jünger, Petrus, Jakobus und Johannes, sind im Raum. Jesus geht zu dem Kind, das ganz still und blass daliegt. Ringsum ist alles totenstill, keiner sagt ein Wort. Jesus schaut das zwölfjährige Mädchen in Ruhe an, nimmt seine Hand und spricht mit ihm: „Kind, steh auf!" Das Mädchen öffnet die Augen und steht auf: „Hallo Mama! Hallo Papa!" Die Eltern aber sind starr vor Schrecken, Staunen und Glück und können sich kaum rühren, so bewegt sind sie. „Ich habe meine kleine Tochter wieder", denkt Jairus glücklich und ist Jesus in diesem Moment sehr dankbar. „Ich habe gewusst, dass Jesus ihr helfen kann." „Gebt nun dem Mädchen zu essen, denn es muss zu Kräften kommen", sagt Jesus. „Erzählt aber keinem weiter, was hier in diesem Raum geschehen ist."

Jairus erkennt: Nur sein fester Glaube an Gott hat sein Töchterchen wiederkommen lassen.

Lehrerinformation

Von allen drei Synoptikern (Mk, Mt, Lk) wird diese Totenerweckung überliefert. Innerhalb dieser Erzählung ist eine weitere Tat Jesu, die Heilung einer blutflüssigen Frau, eingefügt, die aber hier ausgelassen wird, um die Kinder nicht von der eigentlichen Hauptgeschichte abzulenken. Diese Verschachtelung der beiden Erzählungen dient der Dramatisierung und Steigerung des Geschehens. Jairus (genauer: Jaïrus, also Ja-irus gesprochen) bittet Jesus inständig darum, seiner im Sterben liegenden Tochter zu helfen, und fällt vor ihm auf die Knie. Jesus kommt der Bitte auch nach, wird aber unterwegs von Menschen aufgehalten, die ihn ebenfalls sprechen wollen. Schließlich erhält Jairus die Nachricht vom Tod seiner Tochter. Jesus aber ermuntert ihn, weiter an seinem Glauben festzuhalten. Als sie endlich doch am Haus ankommen, stehen schon die obligatorischen Klageweiber vor dem Haus und beweinen den Tod des Mädchens. Jesus aber meint, sie würde nur schlafen. Mit drei Jüngern und den Eltern betritt er das Haus, um seine Tat nicht als Zurschaustellung zu werten. Nach der Totenerweckung gebietet er den Umstehenden, diese Tat nicht weiterzuerzählen. Hier zeigt sich, dass Jesus Macht über den Tod hat.

Weitere Ideen:

Der Einstieg könnte mithilfe von Todesanzeigen oder Abbildungen von Grabsteinen gemacht werden (Gespräch über Trauererfahrungen).

- Bildfolge zu der Geschichte zeichnen
- eigene Erfahrungen mit Tod/Trauer verbalisieren
- Ablauf einer Beerdigung (Aufgaben eines Bestattungsinstituts; wie war das früher?)
- Beileid → Was kann man tun, um Anteilnahme zu zeigen?
- Cluster zum Thema Tod/Leben
- Vorstellungen vom Leben nach dem Tod in einem Bild ausdrücken
- „Ich bin die Auferstehung und das Leben. Wer an mich glaubt, der wird leben, auch wenn er stirbt.“ (Joh 11,25) → Überlegungen anstellen, was Jesus damit gemeint haben könnte.
- Symbolik auf Grabsteinen besprechen (hier nur eine kleine Auswahl):
  - Alpha (α) und Omega (Ω): Zeichen für Christus (Anfang und Ende)
  - Ähre und Rose: Zeichen der Auferstehung
  - Kreuz: erinnert an den Tod und die Auferstehung Jesu
  - Kranz: Kranz des Lebens, Sieg über den Tod
  - Licht: Christus als das Licht der Welt
  - Hände: Zeichen für Gottes Treue
  - Lamm: Jesus als das Lamm Gottes
  - Fisch: Symbol des Wassers und Lebens, Zeichen für Christus

Lieder:

„111 Kinderlieder“:	Im Leben und im Tod
„Das große Liederbuch“:	Ich geh' mit dir
„Singt dem Herrn“:	Halte zu mir, guter Gott
	Du bist das Licht der Welt

Zurück im Leben

Wenn ein Mensch stirbt, ist es so, als ginge er in eine andere Welt. Diese Welt können wir nicht sehen.
Der Verstorbene ist aber noch eine ganze Zeit nahe bei uns. Er hört und sieht noch, was sich die anderen erzählen. Erst allmählich geht er immer weiter und weiter weg. Nur der Körper bleibt zurück.
Manchmal kann es auch sein, dass einer, der eigentlich schon tot war, wieder zurückkommt ins Leben, wenn ihn jemand ruft.

a) Schreibe auf, was das Mädchen wahrnimmt, als Jesus mit ihm spricht.

b) Wie fühlen sich die Eltern in diesem Moment? Verdeutliche das mit den passenden Farben.

c) Auch drei Jünger standen im Raum. Spiele nach, was ihnen durch den Kopf ging. Suche dir dazu zwei Mitschüler.

Das todkranke Mädchen in der Streichholzschachtel

Male die Bilder an und schneide die Streifen anschließend aus. Klebe sie so aneinander, dass sie eine fortlaufende Geschichte ergeben. Das letzte Bild der Geschichte klebst du in der Streichholzschachtel fest. Dann knickst du den Rest wie eine Ziehharmonika, bis die Geschichte in der Schachtel verschwunden ist. Zuletzt kannst du noch deine Schachtel von außen gestalten.

1

Jairus kommt zu Jesus.

2

Jairus fällt vor ihm nieder.

3

Jesus und Jairus gehen zu seinem Haus.

4

Einige Menschen stehen vor Jairus' Haus und weinen.

5

Das Mädchen steht wieder auf.

6

Jesus redet mit der Tochter des Jairus.

Die Tochter des Jairus war dem Tode sehr nahe.

a) Sammle Artikel, in denen deutlich wird, dass Menschen dem Tode sehr nahe waren bzw. sogar mit ihm gerungen haben. Gestalte eine Collage.

Eine 3-D-Papierbühne gestalten

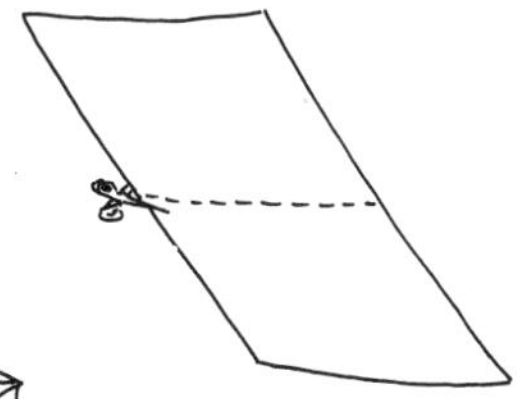

Material:

- vier Bogen festes, weißes DIN-A4-Papier
- Lineal
- Bleistift
- Schere
- Klebstoff
- Filz- oder Buntstifte

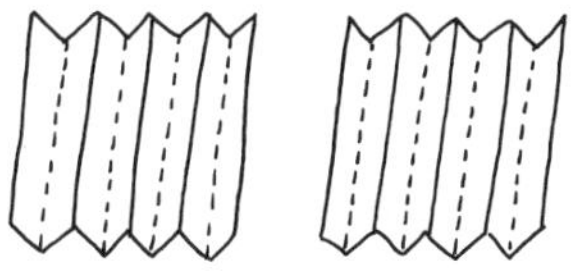

So geht's:

Auf Bogen 3 malst du den Hintergrund an: eine Anzahl von Häusern mit Flachdächern. Bogen 2 zeigt rechts Menschen und Bäume und auf dem ersten Bogen ist Jesus mit der Tochter des Jairus zu sehen. Male all diese Dinge und Personen an.

Nun musst du alle unbemalten Flächen der Bögen 1 und 2 sorgfältig ausschneiden. (Vorsicht, der Rahmen um das Bild muss bleiben!) Den vierten Bogen schneidest du in zwei Teile, faltest beide zu einer Ziehharmonika und klebst auf jede zweite Falte einen der drei Bildbogen. Durch den Faltmechanismus kannst du diese Papierbühne platzsparend aufbewahren.

(1)

(2)

(3)

wussten sie schon
daß die nähe eines menschen
gesund machen
krank machen
tot und lebendig machen kann
wußten sie schon
dass die nähe eines menschen
gut machen
böse machen
traurig und froh machen kann
wußten sie schon
daß das wegbleiben eines menschen
sterben lassen kann
daß das kommen eines menschen
wieder leben läßt
wußten sie schon
daß die stimme eines menschen
einen anderen menschen
wieder aufhorchen läßt
der für alles taub war
wußten sie schon
daß das wort
oder das tun eines menschen
wieder sehend machen kann
einen
der für alles blind war
der nichts mehr sah
der keinen sinn mehr sah in dieser Welt
und in seinem leben
wußten sie schon
daß das zeithaben für einen menschen
mehr ist als geld
mehr als medikamente
unter umständen mehr
als eine geniale operation
wußten sie schon
daß das anhören eines menschen
wunder wirkt
[…]*

Wilhelm Willms

(Auszug aus: Wilhelm Willms, wußten sie schon. aus: ders., der geerdete Himmel © 1974 Verlag Butzon & Bercker, Kevelaer, 7. Aufl. 1986, S.5, www.bube.de)

a) Lies dir das Gedicht durch.

b) Überlege in einer 4er-Gruppe, warum das Gedicht gut zu den einzelnen Geschichten passt, in denen Jesus anderen Menschen geholfen hat.
Welche Geschichten fallen dir dabei ganz besonders ein?

* Das Gedicht ist in der alten Rechtschreibung geschrieben.

Im Lande Jesu

a) Vergrößere die Karte von Seite 83.

b) Schneide die Abbildungen aus, klebe sie an den Rand der Karte und verbinde sie durch eine Linie mit dem Ort, an dem das Wunder passiert ist.

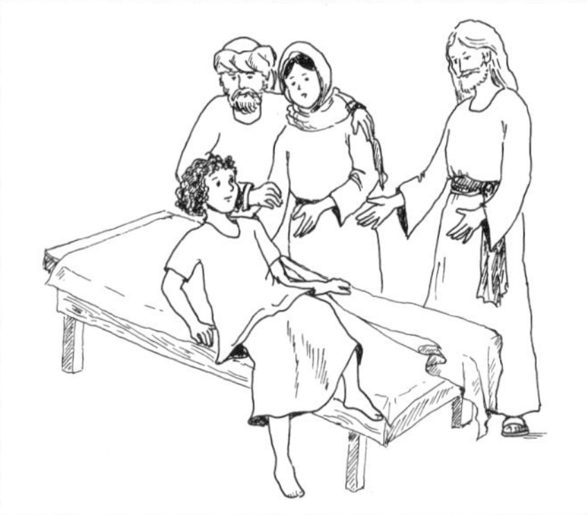		
1	2	3

4	5	6

Kennst du dich aus?

In der Palmenstadt ______________________________, die am Toten Meer liegt, lebte Bartimäus.

Als Jesus auf dem Weg nach J______________________________ war, heilte er ihn.

In die Stadt K ________________, die am See __________________________ liegt, kam Jesus sehr oft.

Vielen Menschen konnte er dort helfen und sie heilen. Einer, ein ______________________, wurde sogar durch ein Dach zu ihm herabgelassen, weil die Menschenmenge ihm den Weg versperrte.

Eine Frau, die einen gekrümmten ______________________ hatte, konnte Jesus in der Synagoge heilen. In einer Synagoge heilte er auch die gelähmte ______________________ eines Mannes.

Die Landschaft, in der der See Genezareth liegt, heißt ______________________________.

Der ___________________________________ verbindet den See mit dem Toten Meer.

a) Schau genau hin und fülle die Lücken aus. Wenn du unsicher bist, besprich die Lösung mit deinem Nachbarn.

Ein kleines Wörterbuch zu den Wundererzählungen der Bibel

Weitere Informationen, Abbildungen zu den einzelnen Begriffen sowie Landkarten findet man im Internet, z. B. unter www.wikipedia.de, oder auch in Reisekatalogen und natürlich im Anhang einer Bibel.

Aussatz – Lepra

Menschen mit Aussatz galten als unreine Menschen. Sie wurden ausgesondert, also ausgesetzt. Bei dieser Krankheit, die man auch Lepra nennt, zeigen sich zuerst weiße Flecken. Der Betroffene hat kein Gefühl mehr für heiß oder kalt und die entstandenen Geschwüre heilen nicht. Es kommt sogar so weit, dass die Kranken ihre Gliedmaßen verlieren, sie faulen regelrecht ab. Haut und Fleisch können an diesen Stellen nicht nachwachsen.
Aussätzige sind oft erschreckend anzusehen.
Zur Zeit Jesu mussten sie sich außerhalb der Wohngebiete aufhalten, fern von ihren Familien, denn Lepra war ansteckend. Sie lebten einsam und verlassen und mussten Gesunde vor ihrer Krankheit warnen, indem sie mit Rasseln auf sich aufmerksam machten und „Unrein! Unrein!" riefen.
Nur ein Priester durfte feststellen, ob jemand Aussatz hatte oder nicht.
Noch heute gibt es in einigen Ländern Lepra, aber die Krankheit kann mit Medikamenten geheilt werden.

Bettler

Bettler gehörten zu den Menschen der unteren Gesellschaftsschicht. Bettler und andere kranke und arme Leute wurden von ihrer Umwelt nicht geschätzt. Armut und Krankheit galt bei den Juden als Strafe Gottes. Sie traf vor allem die Menschen, die sich nicht an die Gebote der Thora hielten.
Mit ihnen wollte niemand etwas zu tun haben, denn durch ihre Berührung, so hieß es, wurde man unrein.
Deshalb wurden sie häufig von ihrer Familie und der Gemeinschaft ausgeschlossen.
Sie mussten also auf der Straße betteln, um zu überleben. Bettler saßen häufig an den Stadttoren und vor dem Tempel. Hier kamen nämlich die meisten Menschen vorbei und dort konnten sie mit mehr Almosen (Geld) rechnen.

Dekapolis

Der Begriff stammt aus dem Griechischen und heißt übersetzt „Zehn-Städte-Gebiet". Dies war ein Verbund von ursprünglich zehn Städten im Osten und Südosten des Sees Genezareth, darunter Damaskus, Gerasa und Philadelphia. Die Menschen, die dort lebten, waren religiös gesehen Heiden und unterstanden dem römischen Statthalter von Syrien.

Haus zur Zeit Jesu

Die meisten Juden lebten in ganz einfachen Häusern, die recht klein waren. Diese hatten meist nur einen viereckigen Raum und einen kleinen Außenhof, umgeben von einer Mauer. Alle Häuser hatten ein flaches Dach. Von der Seite führte eine Treppe hinauf. Oben konnte man sitzen und schlafen. Manchmal wurden auf dem Dach auch Obst und Gemüse zum Trocknen ausgelegt.

So baute man ein Haus …

Für die Häuser verwendete man als Baumaterial Natursteine oder Lehmziegel.
Die Steine wurden nur aufeinandergesetzt und mit Lehm und Kies etwas vermauert.
Lehmziegel fertigte man aus Lehm, Stroh, Kies, Muscheln und Holzkohle an. Man mischte diese Materialien und füllte sie in eine Holzform. Danach ließ man die Ziegel an der Sonne trocknen.
Es gab nur wenige Fenster. Die Türen bestanden aus Zweigen, später aus Holz. Für das Flachdach legte man lange, dicke Balken über das Haus. Darauf kam eine Schicht aus Lehm, Wasser, Kalk und klein gehäckseltes Stroh oder Heu. Diese Schicht wurde mit einer Steinwalze verfestigt.

In einem Haus

Das Haus war nicht groß und besaß nur einen Raum. Im erhöhten Teil des Raumes lebten die Menschen und im vorderen, unteren Teil die Tiere.
Im Raum gab es außerdem: Getreidemühle – Öllampe – Raum für die Tiere – Wasserschlauch – Tonkrüge für Getreide, Öl, Wein, … – Schlafmatten – Feuerstelle – Körbe für Gemüse und Früchte – Säcke für Bohnen, Rosinen, … – Futtertrog für die Tiere – Besen.

Jericho

Die wohl älteste Stadt der Welt liegt nördlich des Toten Meeres mitten in der Judäischen Wüste. Sie ist eine Oasenstadt; das bedeutet, dass das Land bei Jericho fruchtbar ist. Dort wachsen viele Dattelpalmen, weshalb man sie auch „Palmenstadt" nennt. Außerdem gedeihen dort Obstsorten wie Orangen und Bananen und seltene herrliche Pflanzen.
Heute kann man verschiedene Ausgrabungen besichtigen: zum Beispiel den Tel Jericho, den Herodespalast oder den Omaijadenpalast.

Kafarnaum

Kafarnaum lag am Nordufer des Sees Genezareth. Es war eine bedeutende römische Stadt. Jesus predigte hier häufiger als in jeder anderen Stadt. Hier wohnten auch viele seiner Jünger, unter ihnen auch Simon Petrus. Zur Zeit Jesu war Kafarnaum ein relativ großer Ort mit einem kleinen Fischerhafen, einer Zollstation und einem Militärposten der Römer.
Heute kann man noch Überreste dieser Stadt besichtigen, wie etwa das Haus des Petrus oder die Synagoge.

Landkarte zur Zeit Jesu

So sah Palästina um die Zeit Jesu aus.

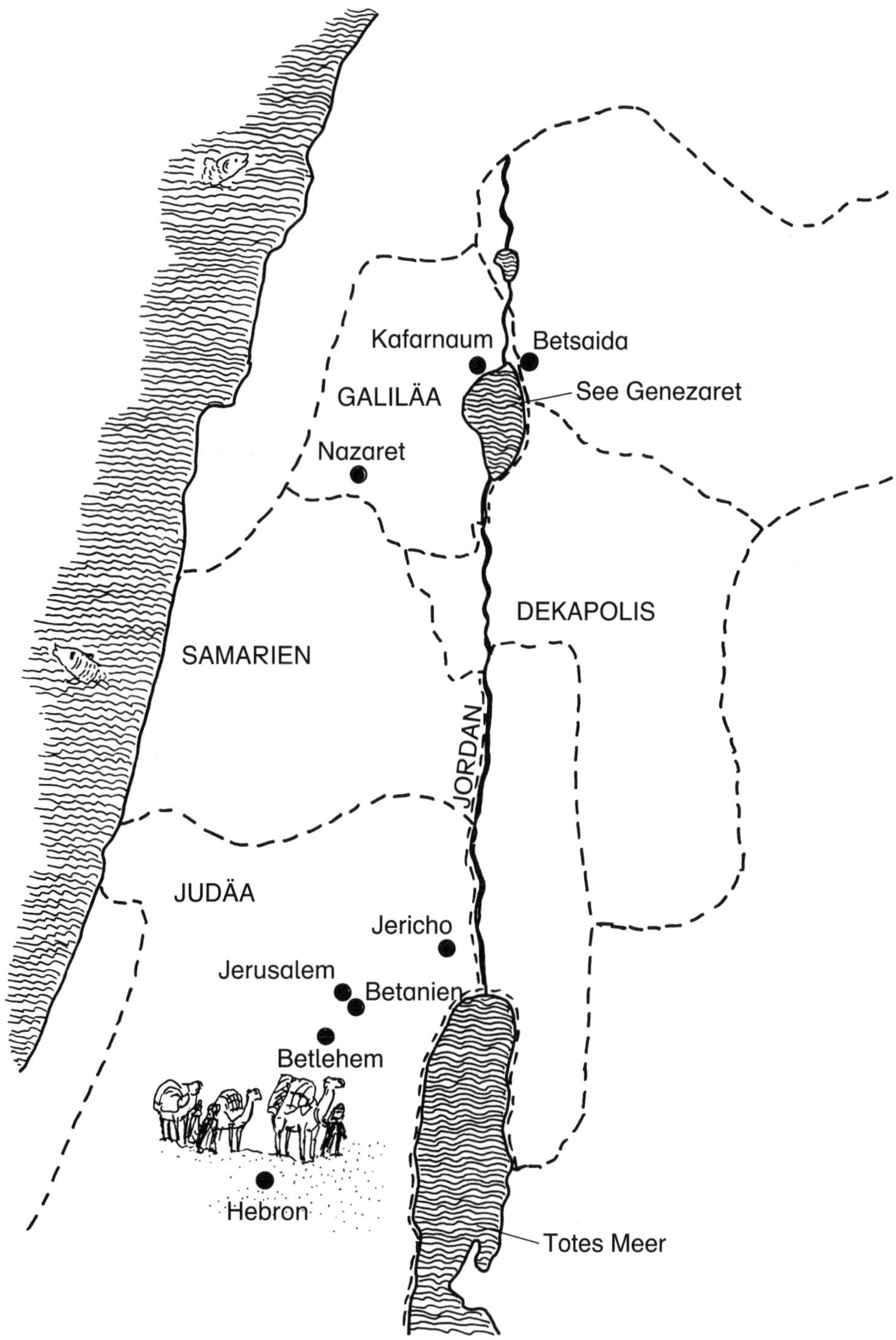

Pharisäer

Pharisäer bedeutet übersetzt: die Abgesonderten. Jesus setzte sich mit ihnen häufig auseinander. Pharisäer waren Männer, die sich sehr gut in der Thora (das ist die Bibel der Juden) auskannten. Den Vorschriften Gottes, die in der Thora stehen, gehorchten sie sehr streng. Daher achteten sie auch beim Volk auf die Einhaltung der Gebote. Wer sich nicht daran hielt, den bezeichneten sie als unrein. Ein Beispiel dafür sind die Reinheitsgebote: Das sind genaue Anweisungen, welche Lebensmittel das Volk essen darf und welche nicht.

Psalm

Das Wort Psalm kommt aus dem Griechischen und bedeutet Lied oder Gesang. Etwa 150 stehen im Buch der Psalmen. In Psalmen loben, klagen, bitten oder danken die Menschen. Nicht alle Psalme sind zur gleichen Zeit entstanden. Zwischen den ältesten aus der Zeit von König David und den jüngsten liegen 700 oder 800 Jahre.
Manche von ihnen stehen auch als Kirchenlieder im „Gotteslob".

Sabbat

Der Sabbat ist der 7. Tag der Woche, der Ruhetag. Er ist vergleichbar mit unserem Sonntag. Der Sabbat ist der Tag Gottes, ein Tag des Gebetes, und beginnt am Freitagabend. Alle ziehen sich festlich an und gehen in die Synagoge, um zu beten. Anschließend sitzen sie um den gedeckten Tisch. Sie beten, essen und erzählen sich Geschichten. Die Kinder spielen zusammen.
Keiner darf am Sabbat kochen oder backen, nähen oder färben, Feuer anzünden oder Holz sammeln, Lasten tragen, einen weiten Weg außerhalb des Dorfes machen oder auf dem Feld arbeiten.
Erlaubt sind nur die Körperpflege, die Zubereitung kalter Speisen und das Spazierengehen bis zu einer Entfernung von 2 km.
Auch am Samstag geht man zum Gottesdienst in die Synagoge.
Der Sabbat ist ein heiliger Tag, so steht es in den alten Vorschriften der Thora. Die Pharisäer sagten, dass auch Heilen an diesem Tag verboten sei, da dies Arbeit wäre.

See Genezareth

Der See Genezareth liegt in Galiläa, im Norden Israels. Er erhält sein Wasser vom Jordan, der ihn von Nord nach Süd durchfließt und ist ungefähr 20 km lang und 12 km breit. Im Westen und Osten ist er von Bergen eingerahmt. Rings um den See ist fruchtbares Land.

Fischer fahren auf den See hinaus, um zum Beispiel Karpfen, Sardinen, Welse oder Lippfische zu fangen. Aber die Fahrt ist gefährlich. Es kann nämlich von einer Minute zur anderen plötzlich Sturm aufkommen. Dann sind die Boote aber meist weit vom Ufer entfernt. Jesus ist oft über den See gefahren, von einem Dorf zum anderen Dorf.

Synagoge

Die Synagoge ist das Gemeinde- oder Gebetshaus der Juden. Es gibt sie überall auf der Welt.
Am Sabbat hält man dort Gottesdienst. Während der Woche dient das Gebäude noch heute als Schul- und Gemeindehaus und früher als Gericht.
Auch Jesus hat dort die Thora mit ihren Geboten studiert.

In der Synagoge

In jeder Synagoge wird man folgende Einrichtung finden:

- ein Lesepult
- Sitze für die Ehrengäste/die Ältesten
- Sitze der Frauen
- Menora (ein siebenarmiger Leuchter)
- Schrein (eine tragbare Truhe zum Aufbewahren der heiligen Schriftrollen → Thora)
  Der Schrein steht immer in Richtung Jerusalem, wo der Tempel ist.

Tod

Ein tiefer Einschnitt in das Leben einer Familie ist immer der Tod eines Angehörigen. Weil es in Palästina schon immer sehr heiß war, sollte der Tote, wenn es irgendwie ging, innerhalb von acht Stunden beerdigt werden. Von seinen Familienangehörigen wurde der Tote gewaschen, mit duftendem Öl eingerieben und in weiße Leinentücher gewickelt. Auf einer sehr einfachen Bahre trug man den Leichnam zum Grab, wobei Frauen den Trauerzug laut klagend und schreiend anführten. Manchmal bestellte man sogar Klagefrauen und Trauersänger. Begraben wurde der Tote meist in einer Höhle, welche mit einem Stein verschlossen wurde. Einen Sarg gab es damals nicht. Arme Menschen wurden einfach in einem Erdloch begraben. Die Höhlen wurden weiß gestrichen, um andere Leute auf sie aufmerksam zu machen, denn es war verboten, eine Leiche zu berühren. Man galt dann religiös als „unrein".

Zwölf Jünger

Jesus scharrte am Anfang zwölf Jünger um sich, die ihm überall hin folgten. Später sandte er sie auch aus, damit sie das Wort Gottes an viele Menschen verkündeten. Zu den Jüngern zählt man: Matthäus, Petrus, Jakobus (Sohn des Zebedäus), Andreas, Judas, Simon, Thomas, Jakobus (Sohn des Alphäus), Bartholomäus, Philippus, Thaddäus, Johannes.

Weitere Ideen:

Um die Lebenswelt zur Zeit Jesu besser kennenzulernen, würde sich auch ein Besuch im Bibelmuseum anbieten:

Biblisches Freilichtmuseum, Heilig Land Stichting, Profetenlaan 2, NL – 6564 BL Heilig Landstichting, Tel. 0031-24-3823110, www.bibelmuseum.nl, E-Mail: info@bijbelsopenlucht-museum.nl

In Deutschland gibt es auch ein Bibeldorf:
Bibeldorf GmbH, Jerusalemer Str. 15, 33397 Rietberg, Tel. 05244/981953, www.bibeldorf.de, E-Mail: info@bibeldorf.de

Die Taufe

In jeder Kirche (katholisch und evangelisch) steht ein Taufbecken, in dem kleine Kinder und manchmal auch Erwachsene getauft werden. Das Taufbecken besteht aus Stein, Metall oder Holz und enthält das geweihte Wasser für die Taufe. Außerdem ist es reich verziert mit Ornamenten, Figuren oder Symbolen.

Das Wort Taufe kommt vom Wort tauchen, denn früher wurde der Täufling dreimal ganz in einem See oder Fluss untergetaucht. Zu diesem Zeitpunkt wurden noch nur Erwachsene getauft. Erst seit dem 3. Jahrhundert gibt es die Kindstaufe.

Bei der Taufe sind die Eltern des Kindes und die Taufpaten anwesend, die dem getauften Kind im Glauben unterstützend zur Seite stehen sollen.

Das Kind wird durch die Taufe in die Kirche, also in die Gemeinschaft aller Christen aufgenommen.

Jeder Getaufte erhält eine Taufurkunde.

a) Lass dir von deinen Eltern von deiner Taufe erzählen und fülle die Taufurkunde aus.

Meine Taufurkunde

Vor- und Nachname ________________________________

geboren am ______________________ in ______________________

Eltern: ________________________________

____

Getauft am ____________________ in der Kirche ____________________

in ________________________________

Taufpriester: ________________________________

Taufpaten: ________________________________

____

Namenstag: ______________________

b) Bringe ein Foto von deiner Taufe mit.

c) Informiere dich darüber, wie eine Tauffeier abläuft und welche Symbole und Zeichen bei der Taufe von Bedeutung sind.